한국문학 세계화 대표작 시리즈 1

문학은 영혼의 양식이요, 시대를 비추는 거울이다. 한국문학과 한국PEN의 세계 도약은 시대적 소명. – 손해일

한국문학 세계화 우리힘으로, 우리의 작품을 만방에 알리자. – 김용재

시인은 국적이 있다. 그러나 시는 국경이 없다. 시는 오늘도 내일도 전세계로 전파된다. – 임병호

한국문학이 적극적으로 세계무대에 진출하여 어깨를 겨루는 일이 한국PEN의 시대적 사명이다. – 오경자

아동문학은 동심문학, 세계로 나가자 동심 PEN문학. – 정용원

'국제시장'의 피난선 빅토리호 이야기를 발굴한 소설가전경애. 마리너스수사를 통해 평화를 전한다. – 전경애

절찬리 판매중

차례

제1부 _ 금산을 금산이게 하는 자랑

contents

제2부 _ 금산8경의 매력을 담다

하늘 닿는 여행

김용재 | 시인, Poetry Korea 발행인 / 국제PEN한국본부 부이사장

인삼 고을 오랜 사람들은
비단무늬 가슴에 수놓고
산이랑 삼이랑 정情이랑 살았습니다

등 굽혀 삼딸기 애무하며
신선도 원님도 약다래끼 허리 차고
신비의 생기 찾아 이 땅을 그렸습니다

근역槿域으로 세계로 꿈의 공간으로
금산세계인삼엑스포, 깃발은 펄펄
그 향기, 하늘 닿는 여행 갑니다

A Journey to Reach the Blue

Kim Yong-jae | Poet, Publisher of *Poetry Korea*
Vice-President of PEN International, Korea

From early times people in Geumsan have been living
With the heart embroidered in silk
In love with mountains and ginseng

Bending down to check out ginseng berries
Hermit & country chief with a basket hanging at their waist
Have been expecting magical effects of ginseng

In the world as well as in Korea and in dreaming space
Geumsan world Ginseng Expo, raising a flag fluttering high
Its scent makes a journey to reach the blue

금산과 인삼을 홍보하는 의미 있는 책

조신영 | 간행위원장 / 금산교육사랑재단 이사장

국제계관시인연합 한국위원회(United Poets Laureate International – Korea Committee : UPLI)에서 『금산에 살어리랏다』 발간 계획을 알려왔다. 금산의 인정과 풍광, 금산의 특산물 인삼, 금산의 문화유적지 & 명승지 등을 글로 홍보하며 살만한 금산, 찾아오는 금산의 이미지를 부각한다는 것이었다.

믿고 신뢰할 만한 금산 관련 주요한 일이기에 쉽게 동의를 하고 협조하는 입장이 되었다.

글감 선택과 필진 구성에 신중을 기했으며 현장 답사·현장 취재하여 쉽게 원고를 작성해달라고 부탁하였다. 영문판 또는 한·영 대역판을 기획하였으나 촉박한 일정과 독자의 한계성 문제 등을 고려하여 일단 미루어 놓기로 했다.

금산과 인삼을 홍보하는 의미 있는 책이란 믿음이 강해진다. 금산군민은 물론 금산을 찾는 한글 국민께 일독을 권고 드린다.

A Meaningful Book Introducing Geumsan and Promoting Ginseng

Jo Sin-young | the Chairman of Publication Committee

I was pleased to know that UPLI (United Poets Laureate International - Korea Committee) had a plan to publish *Longing for living in Geumsan*. The purpose of publishing this book is to let people know more about Geumsan, introducing compassionate people here in Geumsan, their cultural life and great scenic beauty around the area as well as promoting the indigenous product of Geumsan, ginseng, local historic sites and scenic spots.

I was asked to help the publication, and I gladly agreed with the proposal because this publication could be a meaningful work for the World Ginseng Expo. While preparing for the publication, I carefully selected writers contributing their essays for the publication and asked them to make a field trip to local historic sites and scenic spots and to write the essays in easily accessible manner to the ordinary readers. On a initial plan, we intended to publish this book in both Korean and English, but the plan had to be changed this time; publishing the book in English version had to be delayed for the next time because of not enough time to prepare the book and the limited number of readers who might want to read the book in English version.

I strongly believe that the publication this book could be a meaningful work to introduce Geumsan and promote ginseng. I like to recommend this book not only to the residents of Geumsan but also to visitors of 2017 World Ginseng Expo.

금산세계인삼엑스포의 주요한 문화상품

오응준 | 한 · 중 · 일 친선협회장 / 전)대전대총장

금산세계인삼엑스포는 충청남도가 자랑하는 역점사업 중의 하나입니다. 금산군에서는 최선을 다해 국내는 물론 전 세계로 홍보하며 전통을 기려 내실을 다지고 있다고 생각합니다.

이러한 속내를 알고 *Poetry Korea*를 절찬리에 발행하고 있는 국제계관시인연합(UPLI) 한국위원회와 금산의 문화계 인사들이 뜻을 모두어 금산의 모든 것을 담아내는 『금산에 살어리랏다』를 발행한다고 합니다.

환영합니다. 갈채를 보냅니다. 금산세계인삼엑스포의 주요한 문화상품이 될 것이기에 더욱 흐뭇합니다.

세르반테스는 '펜은 마음의 혀'라고 했습니다. 그 혀로 펼치는 문학은 수련과 자극 사이를 왕래하는 거울의 빛이 아닐까, 생각해 보며 필진 여러분께 심심한 치하의 말씀 드립니다.

World Ginseng Expo's Another Cultural Product

Oh Eung-joon | The President of Korean, Japanese and Chinese Friendship Association
Former President of Daejeon University

World Ginseng Expo in Geumsan is one of the major events held in Choongcheongnam-do. I am sure that Geumsan province will do their best and make this event a successful opportunity to introduce Geumsan and promote ginseng products to people in Korea as well as in the world.

In behalf of World Ginseng Expo, UPLI Korea Committee annually publishing *Poetry Korea* and public figures living in Geumsan have decided to publish *Longing for living in Geumsan* that introduces colorful characteristics of local culture in Geumsan.

I am really happy to hear the news and welcome the decision for the publication because I believe that this publication will be another cultural product for 2017 World Ginseng Expo.

Cervantes once wrote in his novel Don Quixote "pen is the tong of the mind." Literature created by the tong of mind, I think, can reflect both training of the mind and the taste of our life. For that reason I appreciate the writers contributing their works to the publication of this valuable book.

금산 칠백의총

錦山 七百義塚

제1부

금산을 금산이게 하는 자랑

충청남도 금산군은 1읍 9군으로 이루어져 있다. 행정지명은 금산읍과 군북면, 금성면, 남이면, 남일면, 복수면, 부리면, 제원면, 진산면, 추부면 등이다. 이웃관계를 보면 동쪽으로 충북 영동군, 서쪽으로 논산시와 전북 완주군, 남쪽으로 전북 무주군과 진안군, 북쪽으로 대전광역시와 충북 옥천군이 접해있다.

군을 상징하는 꽃은 모란, 나무는 소나무, 새는 파랑새, 물고기는 감돌고기이다. 감돌고기는 잉어과의 민물고기로 맑은 물이 흐르는 자갈바닥에 산다고 한다.

금산의 유서깊은 곳이나 자랑스런 곳은 국가시설로서 칠백의총이 있고 금산위성통신지구국이 있다. -「금산을 빛낸 인물들」 중에서

옛날 금산 고을은 하지(夏至)를 지날 무렵이면 읍내 골목마다에서 인삼 내음이 폴폴 나기 시작했다. '인삼 깎이' 철이 시작되는 것이다. 인삼을 수확한 집 마당에는 멍석위에 여인네의 속살처럼 하얀 백삼이 가득가득 널려 있고 이런 날이면 으레 마당 한쪽 가마솥에서는 추어탕이 펄펄 끓고 있었다. 밤 12시부터 새벽 4시까지 있었던 통행금지도 이 때에는 융통성이 있었다. 밤 새워 삼 깎으러 다니는 사람들의 편의를 위한 배려였다. -「내 고향 錦山」 중에서

내 고향 錦山

이 용

수필가. 연세문학회장(역)
금산여중고, 대전고, 충남고, 서대전고 등 교사
대학출강, 외래교수

금산(錦山)은 글자 그대로 비단 같은 산으로 둘러싸인 아름다운 고장이다. 남쪽에는 대장부의 기상(氣像)이 넘치는 진악산(進樂山)이 우뚝 솟아 있고, 서쪽에는 호남의 금강산이라 일컫는 대둔산(大屯山), 북에는 대전과 경계를 이루는 만인산(萬仞山), 그 동쪽에는 충남에서 가장 높은 서대산(西臺山)(해발 904m)이 병풍처럼 감싸고 있는 분지(盆地)로 고즈넉한 고을이다.

중학교 시절 선생님 한 분이 수업을 시작할 때마다 입버릇처럼 '앞에는 진악산, 뒤에는 태봉재, 오가다 보이는 것은 흰구름 뿐이로다.' 하시면서 우리를 촌놈이라고 놀려댔었다.

타지에서 처음 금산에 오는 사람은 자동차가 대전에서부터 골짜기로 또 골짜기로만 들어가니 강원도 어느 산골짜기로 끌고 가는 줄 알고 마음 졸였다는 일화도 있다.

그만큼 지리적으로 외진 산골이었다. 그러나 산이 높아 예절이 깊고 역사 또한 오랜 고을이다.

더 먼 옛날 얘기는 그만 두고라도 임진왜란이 일어나자 칠백의병(七百義兵)을 이끌고 왜적을 맞아 싸우다 순절하신 중봉(重峯) 조헌(趙憲) 선사와 고경명(高敬命) 의병장의 충혼(忠魂)이 살아 숨 쉬는 고장이다. 그뿐이랴. 진산에서 운주로 넘어가는 배티재(梨峙)는 권율 장군이 완주(完州)로 진격하려는 왜적을 크게 무찌른 곳이다. 대둔산을 찾는 사람은 배티재 날망(고갯마루)에서 이 대첩비(大捷碑)를 대할 것이다.

1905년 을사늑약(乙巳勒約)이 체결되자 비분강개(悲憤慷慨)하여 고종황제께 상소문을 올리고 순절하신 애국지사 홍범식(洪範植 : '임꺽정'의 작가 벽초 홍명희의 부친) 군수(郡守)의 순절비가 금산읍 계진리 조종산에 세워져 있다.

대한민국 건국 이후 최초의 여성장관(초대 상공부 장관)이었던 임영신(任永信)박사의 고향이 금산이다. 중앙 대학교를 설립하여 수많은 국가 동량지재(棟梁之材)를 길러냈고 제2대 금산 국회의원을 지내기도 했다.

우리의 대표적 고전 소설에도 금산의 지명은 오르내린다.

어사(御使) 사령(司令)에게 이르기를 "너는 좌도로 돌아 금산, 무주, 진안, 장수, 임실을 거쳐 아무 날 아무 시에 남원으로 당도하라." 하였으니 조선사람 치고 "춘향전"을 모를 이 없겠거늘 금산은 여러 문학작품 속에서 꽤나 이름 있는 고을이다.

나는 이 고장에서 나고 자라고 살아 온 것을 진정 자랑으로 생각한다. 나의 조부(祖父)께서 130여 년 전 이 고장에 터를 잡으신 후 우리 집안이 모진 시대의 아픔을 겪으면서도 꿋꿋이 살아남은 것은 인삼의 덕이 아닌가 한다. '조선 팔도 다 댕겨 봐도 금산만큼 인심 좋은 디가 없어. 다 인삼 덕이여. 인삼에서 인심 나는 거여.' 할아버지는 무시로 이런 말씀을 하셨다.

옛날 금산 고을은 하지(夏至)를 지날 무렵이면 읍내 골목마다에서 인삼 내음이 폴폴 나기 시작했다. '인삼 깎이' 철이 시작되는 것이다. 인삼을 수확한 집 마당에는 멍석 위에 여인네의 속살처럼 하얀 백삼이 가득가득 널려 있고 이런 날이면 으레 마당 한쪽 가마솥에서는 추어탕이 펄펄 끓고 있었다. 밤 12시부터 새벽 4시까지 있었던 통행금지도 이 때에는 융통성이 있었다. 밤 새워 삼 깎으러 다니는 사람들의 편의를 위한 배려였다.

이 무렵 금산에서 펼쳐지는 진풍경 중의 또 하나는 엿장수들의 행렬이다. 전국의 엿장수란 엿장수는 금산에 다 모였다고 여겨질 만큼 엿장수의 가윗소리가 귀청을 울렸다. 집집마다 인삼을 깎으면서 모아 둔 인삼 껍질이며 인삼 다리(尾蔘) 등을 아낙네와 아이들이 들고 나와 엿과 맞바꾸는 것이다. 인삼 깎는 철에는 강아지도 백환(당시 최고액권)짜리를 물고 다닌다는 우스갯소리가 나올 정도였다. 1950년대에 군(郡)단위로는 전국에서 대학생이 가장 많았다고 한다. 그만큼 인삼은 가정과 지역 사회 경제력의 바탕이 되었고 그 어려운 시절에 많은 인재를 배출하는 원동력이 되었다.

금산의 자랑거리로 문학 방면을 말하지 않을 수 없다. 원로 작가이신 임희재 선생의 고향이 금산이다. 얼마 전 몇몇 문인들과 남이면 성곡리(비실) 선생의 생가를 찾아 간 적이 있었다. 6·25 전 금산 농업 중학교 교사였던 선생은 〈꽃잎을 먹고 사는 기관차〉라는 작품으로 문단에 오르신 후 1950년대와 60년대에 우리나라 최고의 라디오 드라마 극작가로, 혹은 영화 시나리오 작가로 명성을 떨쳤었다. 내가 대전 고등학교 1학년 때 우연히도 임희재 선생의 누님 댁에서 하숙을 했는데 거기에서 선생을 뵈온 적이 있다. 텔레비전시대의 개막과 함께 최고 인기를 누렸던 드라마 '아씨'와 영화 〈성춘향〉이 그분의 대표작이다.

나는 군 제대 후 금산 여중고에서 교편을 잡았다. 국민 학교와 중학교를 금산에서 마치고 고등학교와 대학을 타지에서 다녔던 나로서는 고향에서 후진을 교육하는 것에 보람을 느꼈다. 학생들을 가르치는 한편으로 대학시절 문학회 활동을 하면서 가까이 모셨던 소설가 박영준 교수님과 시인 조병화 교수님을 초빙하여 문학 강연을 열기도 했다. 문학 행사가 끝나면 그분들을 모시고 제원 금강에서 투망을 던져 물고기를 잡아 어죽을 쑤어 먹으며 망중한(忙中閑)을 즐기기도 했었다.

금산하면 인삼어죽(人蔘魚粥)이 또한 별미로 꼽힌다. 진악과 서대산의 깊은 골짜기에서 흘러 내린 물과 무주 구천동과 진안 용담의 풍광을 담아온 물이 합수한 금강에서 잡아 올린 싱싱한 물고기에 인삼과 온갖 양념을 넣어 끓인 인삼 어죽은 전국 미식가들의 입맛을 돋우고 있다.

역사와 전통이 숨 쉬는 금산,
산자수명(山紫水明)한 고장 금산,
인류의 영약(靈藥) 인삼의 본고장 금산,
살어리랏다, 살어리랏다, 금산에 살어리랏다.

1

금산성 머리 위에 까마까치 우짖던 날
늦벌들 빈 하늘에 칠백별이 떴건만
시운에 마지못하여 충혼으로 빛나네

2

높디나 높은 곳에 어이 인물이 솟아나서
불굴 맑은 물이 금강으로 이어시니
억만겁 창생에게 생명수가 되도다

3

역사의 가쁜 짐에도 그 모습의 연 크나
인심에서 인삼 난다 오래오래 빛나리
나 누천년 재앙 없는 비단결 고을일레

4

따가운 햇살에는 고개 돌려 외면하고
땅속 깊이 뻗어나는 수줍은 하얀 살결
온누리 영약일진저 아끼고 사랑하리

5

시냇물 맑디맑아 피라미도 수줍던 곳
어죽을 쑤어 놓고 너나없이 둘러앉아
대궐도 부럽지 않다 흘려보낸 웃음들

6

강처사 백일기도 신령님도 감화하사
어여쁜 그 마음이 개삼터에 어리시니
우리도 어버이 섬겨 알뜰살뜰 살리라

7

나뭇군 넘나들던 느을진 수릿재와
돌 들고 가재 잡던 보리골도 여전쿠나
아버님 나뭇짐 위에 너울대던 진달래

8

꼭두새벽 여울 씻고 밤새워 새끼 꼬며
금산은 인심도 웅께 오래오래 살거여
가난도 섧지 않은 듯 우시로 하던 말뿐

9

병풍으로 둘러 서서 우람한 자태로다
인삼 낳고 울 길며 니 어미 품이 니련가
우리도 이 품에 자라 한빛 자락 날리리

※ 이 시조는 1988년 금산여고 재직시절 '금산 인삼제'에 부친 글임

금산의 가슴을 열다

조신영
금산읍농업협동조합장(역)
금산교육사랑장학재단이사장

나는 금산에서 나고 자랐다. 고등학교 때 대전에서 하숙을 했고, 대학 다니던 때의 서울 생활과 군대 생활 이외에는 모두 금산생활이었고 그래서 금산의 토박이가 되었다. 조상들이 모두 금산에 잠들어 계시며, 독립운동을 하시고 반공투사로 활동하신 선친의 공적비가 이곳 남산공원에 세워져 있다.

어렵게 생활하며, 그래도 나는 금산에서 4년 임기 7선의 농업협동조합장을 하였고 큰 허물없이 주변을 살피며 낮은 자세를 유지하려 노력을 하였다.

지금도 금산교육사랑장학재단 이사장을 맡아 봉사하고 있지만, 70중반의 나이에 오히려 젊은 사람이 할 일을 내 곁에 붙잡고 있는 것이 아닌가 자격지심이 들 때도 없지 않다.

내 일생을 정리해보면서 부끄러운 일들이 셀 수 없이 많이 있지만 그런 가운데 보람으로 세울 수 있는 일이 있다면 모두 선친이 베푼 교육의 은덕이라고 나는 생각을 거듭하고 있다. 고사를 하다가 장학재단을 맡은 것도 사실은 그런 이유에서였다.

그러나, 금산의 토박이로 살면서 나는 사실 선친을 자랑한다거나 내세운다거나 그런 일은 하지 않았다. 금산에 같이 살고 있는 친구들이나 이웃들, 밖에서 찾아오는 많은 사람들, 누구에게도 말하지 않았다.

인삼 찾아, 먹거리 찾아 식사 한 끼 같이 하고 술 한 잔 기울이고 담소하며 즐기는, 그런 생활의 연속이었다.

그러던 어느 날 글 쓰는 친구로부터, 나로서는 참으로 무거운 소리를 듣게 되었다. "금년에도 변함없이 2017금산세계인삼엑스포를 한다고 하는데 문화상품이 무엇이 있느냐? 없으면 만들어야 되지 않겠느냐? 당신이 앞장서라…" 이런 것이었고 나에게도 반드시 한 편의 글을 쓰라는 명령이 떨어졌다. 외경스런 친구였지만 한편으론 부담스럽기도 했다. 금산을 홍보하고 금산세계인삼엑스포를 세계에 알리는, 금산을 사랑하는 사람들의 글 모음집을 만들자는 것이었다.

고심하며 결론을 지었다. 내가 이 일을 외면하고 그냥 지나갈 수는 없다. 그래서 공부 좀 했다.

금산에 와서, 느낌으로 새길 수 있는 고적(古蹟) 혹은 역사문화 유적지를 새롭게 알려보자고 마음을 다듬었다. 금산의 가슴을 여는 일이라 생각하며 나름대로 대표적인 것을 선정해 보았다. 한두 곳이라도 관련의 가슴을 열고, 찾아서 느낌을 새겨보자는 권고의 뜻을 담는 것이다.

조헌사당 趙憲祠堂

– 금산군 복수면 수심대길 32 | 충남문화재자료 제20호

임진왜란 당시 금산성 전투에서 700여 의사의 의병대장으로 의병과 함께 순국한 중봉 조헌(1544–1592)의 사당이다.

이 곳은 중봉 선생이 살던 곳이며 수심대(水心臺)라는 이름은 물보다 깊은 사람의 마음을 비유하여 선생 스스로 지은 것으로 알려져 있다. 선생을 추모하는 뜻으로 우암 송시열 선생이 이곳 바위에 水心臺라 새겼다. 글씨만 보고가도 발품을 갚는다. 선생의 유품은 칠백의총 종용사에 옮겨 보관하고 있다.

백세청풍각 百世淸風閣

– 금산군 부리면 불이리

고려말의 학자이며 문장가로서 절의를 지킨 목은 이색(牧隱 李穡), 포은 정몽주(圃隱 鄭夢周), 야은 길재(冶隱 吉再)를 삼은이라 한다. 이 중 한사람인 길재의 학문과 충의를 숭모하기 위하여 세운 사당이 청풍사(淸風祠)이다. 야은 길재가 어렸을 때 외가인 이곳에서 자랐으며 그의 신조인 불사이군(不事二君)의 뜻을 받들어 불이리(不二里)란 이름이 전해진다고 한다.

사우 앞에 있는 백세청풍비는 선생의 충절과 평생 동안에 한 일을 전해 주고 있으며 뜰에는 선생의 충절이 황하(黃河)의 급류에도 굴하지 않고 버티고 서있는 지주(砥柱)와 같다하여 세운 지주중류비(砥柱中流碑)가 있다. 박정희대통령의 필적 '淸風書院'과 야은선생 시조 한 수가 여기 찾아온 보람을 새기게 한다.

懷古詩歌
오백년 도읍지를 필마로 돌아드니
산천은 의구한데 인걸은 간데없네
어즈버 태평연월이 꿈이런가 하노라
冶隱 吉再

고경명선생비 高敬命先生碑

– 금산군 금성면 양전리 522–14~15 | 문화재 자료 제28호

1592년 임진왜란 당시 금산에 침입한 왜군을 맞아 싸우다 순절한 고경명선생의 충혼을 기리는 비이다.

고경명(1533–1592)선생은 조선 중기 선조때의 문인의병장으로 문과에 장원급제하고 충청도 서산군수, 동래부사 등을 지냈다.

아들 고인후도 이 비가 세워진 지역의 눈벌싸움에서 함께 죽었다.

온양이씨 어필각 溫陽李氏御筆閣

– 금산군 금성면 하신리 291–1 | 문화재자료 제22호

온양이씨 문중의 5세에 걸친 3명의 탁월한 효자, 즉 이태귀(李泰貴)와 그의 증손 흥엽(興燁), 고손 원배(元培)의 효행이 순종황제에게 알려지면서 어필을 내려받았다.

이를 기리기 위해 유림과 후손들이 어필비와 함께 세운 목조 6각의 건물이다.

순종황제가 내려준 어필은 온양이씨계효지려(溫陽李氏繼孝之閭) 8자이다.

홍범식 군수 순절비

– 금산읍 상옥리 산 46–1 홍범식공원내 | 금산군 향토유적 제11호

한일합방 당시 금산 군수였던 홍범식 선생 정충대절의 절개를 기리는 기념순절비이다. 금산군에서 안내한 내용을 그대로 옮긴다.

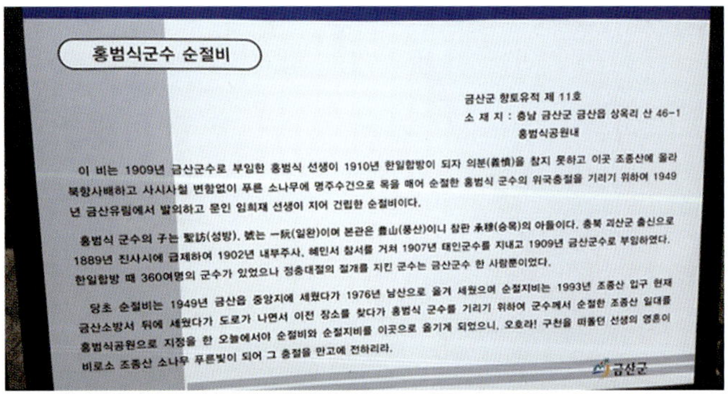

이 비는 1909년 금산군수로 부임한 홍범식 선생이 1910년 한일합방이 되자 의분(義憤)을 참지 못하고 이곳 조종산에 올라 북향사배하고 사시사철 변함없이 푸른 소나무에 명주수건으로 목을 매어 순절한 홍범식 군수의 위국충절을 기리기 위하여 1949년 금산유림에서 발의하고 문인 임희재 선생이 지어 건립한 순절비이다.

홍범식 군수의 子는 聖訪(성방), 號는 一阮(일완)이며 본관은 豊山(풍산)이니 참판 承穆(승목)의 아들이다. 충북 괴산군 출신으로 1889년 진사시에 급제하여 1902년 내부주사, 혜민서 참서를 거쳐 1907년 태인군수를 지내고 1909년 금산군수로 부임하였다. 한일합방 때 360여 명의 군수가 있었으나 정충대절의 절개를 지킨 군수는 금산군수 한 사람뿐이었다.

당초 순절비는 1949년 금산읍 중앙지에 세웠다가 1976년 남산으로 옮겨 세웠으며 순절지비는 1993년 조종산 입구 현재 금산소방서 뒤에 세웠다가 도로가 나면서 이전 장소를 찾다가 홍범식 군수를 기리기 위하여 군수께서 순절한 조종산 일대를 홍범식공원으로 지정을 한 오늘에서야 순절비와 순절지비를 이곳으로 옮기게 되었으니, 오호라! 구천을 떠돌던 선생의 영혼이 비로소 조종산 소나무 푸른 빛이 되어 그 충절을 만고에 전하리라.

애국지사 조권형 선생 공적비

– 금산군 금산읍 하옥리

"남을 위해 일하고 사회를 위해 일하고 국가를 위해 일하라…"고 한 선친의 말씀이 다시 들려온다. 일련의 그런 봉사 정신은 나를 헛된 곳으로 내몰지 않은 자양분이었고, 그 자양분은 바로 선친께서 주신 것이었다. 이제는 나의 후손들께도 금산의 남산공원에 세워진 선친의 공적비를 소개한다.

자유와 평화! 번영과 안정!!

이것은 온 겨레의 염원입니다. 당신이 살고 가신 46년의 생애는 조국광복과 이 고장의 번영을 위하여 싸웠습니다. 그러나 당신의 생애는 죽음으로 끝난 것이 아니라 새로운 삶의 지평선을 그어놓았습니다. 나라와 겨레의 괴로움과 즐거움을 자기의 것으로 알고 일하시던 당신의 생애는 결코 우리들의 마음에 영원히 이어질 것입니다. 투쟁과 봉사로 점철된 당신의 생애를 영원히 기리기 위해 여기 정성을 모아 이 비를 세웁니다.

1974.12.2.

金範植 글 朴勝文 씀

금산군 애국지사 추앙회

금산을 금산이게 하는 자랑

– 금산의 칠백의총과 위성통신지구국

정형욱

주식회사 정금강업대표

Poetry Korea후원회원

금산 칠백의총 錦山七百義塚

– 금산군 금성면 의총길 50 | 사적 제105호

금산의 칠백의총은 대한민국 국민이면 누구나가 다 한번씩은 들려야 할 국가의 사적지이며 금산의 대표적 방문지이다. 칠백의사의 숭고한 호국정신이 살아 움직이는 곳이기 때문이다.

금산 칠백의총은 임진왜란 당시인 1592년 음력 8월 18일, 조국강토를 지키기 위해 의병장 조헌(義兵將 趙憲)선생과 의승장 영규대사(義僧將 靈圭大師)등 칠백의사가 금산 연곤평에서 15,000여 명의 왜적과 맞서 싸우다 모두 순절하자 조헌선생의 제자인 박정량, 전승업 등이 그분들의 유해를 거두어 만든 무덤이다.

사적지 안에는 임진왜란 당시 금산 싸움에서 순절하신 선열들의 영혼을 모신 종용사(從容祠)가 있다. 종용은 조용함, 은근함, 침착함을 이르는 말로 서경(書經)의 관이유제 종용이화(寬而有制 從容以和 : 너그럽게 하되 절제를 두며 침착하게 공평함을 따른다)에서 온 말인듯 하며 1663년 현종께서 이름을 지어 편액(扁額)한 것으로 알려져 있다.

그리고 의병장 조헌선생이 이끄는 칠백의사가 청주성을 탈환하고 금산 연곤평 싸움에서 순절하기까지 사적을 기록한 중봉조선생일군순의비(重峰趙先生一軍殉義碑)와 기념관이 있다.

밖에는 칠백의사의 거룩한 뜻을 영원히 지켜가고자 칠백의총과 마주보는 위치이며 연곤평 전적지가 내려다 보이는 위치에 1976년 칠백의사순의탑을 세웠다.

나는 금산에서 태어나 금산에서 자라고 학교에 다니며 소풍도 가고 견학도 하고 외지에서 오는 친구들이나 다른 손님들과도 가고 참 많이도 이곳을 찾았다.

나라의 운명이 위급할 때 의롭게 일어나 죽음도 불사하는 순국정신의 요람지로서 전국적으로 유명한 칠백의총이 우리 금산에 자리하고 있다는 것은 자랑이요 영광이다.

1) 종용사 / 2) 중봉조선생일군순의비 / 3) 기념관

금산위성통신지구국은 "지구 궤도에 떠 있는 통신위성과 전파를 송수신하여 한국과 외국 사이에 통신 및 텔레비전 중계가 가능하도록 설치한 통신중계시설"이다.

금산읍 의총리에 있으며 1969년 2월 국제전기통신위성기구(INTELSET)에 56번째로 가입한 것으로 알려져 있다. 통신위성기구의 안테나 지름은 제1기(태평양 방면)27.4m, 제2기(인도양 방면)30m, 제3기(TV이동용)11m, 제4기는 13m 크기라고 한다.

금산위성통신 제1지구국 안테나 설비는 등록문화재 제436호(지정일 2009.4.22)로 지정되어 있으며 일반인 출입을 통제하고 있다. 우리나라 국제 통신의 관문으로 국제간의 전신, 전화의 소통을 신속하게 하는 과학시설이 우리 금산에 있다는 것만으로 충분한 자랑거리가 아닐 수 없다.

어릴 때 그 곁을 지나면서 왕접시라 부르던 그 안테나는 수십 개로 늘어났으며 어느 한 방향으로 고정된 것이 아니라 세계를 살피듯 오늘도 움직이고 있다. 칠백의총과 더불어 금산을 금산이게 하는 자랑이 아닐 수 없다.

금산에 오시면 꼭 들려보세요. 칠백의총을 꼭 보기 위해서 금산에 오시면 더 좋고요. 인삼 먹고 키운 힘도 나라사랑 정신으로 펼쳐질 것입니다.

그리고 오시는 길이든 가시는 길이든 금산위성통신지구국 가까이서 한번 바라보고 가세요.

깨어있는 역사 속으로 가다

– 금산의 남산공원

김용재

시인, UPLI한국회장
국제PEN한국본부부이사장

금산의 남산공원은 금산읍 하옥리, 금산의 중심부에 위치해 있다. 금산의 뒷동산이라 소개된다. 그러니 남녀노소 누구나 쉽게 갈 수 있는 곳이다.

산딸기 익어가는 풀숲을 연상해도 좋고, 아지랑이 할미꽃을 떠올려도 좋다. 노을 속에 춤추는 다람쥐를 생각해도 좋고, 여유로운 주말산책을 복습해도 좋다. 쉬면서 느끼는 올레길의 즐거운 에너지를 충전하며 기억과 향기가 뒤섞이는 젊은 날의 오후를 돌아본다면 더욱 좋다.

이렇게 뒷동산에 대한 감정을 살려내며 여름날 오후 남산공원을 찾는다. 3·1독립의거기념비가 먼저 눈에 띈다. 1919년 3월 23일 금산읍내 장날을 기하여 수천명이 장터에서 행한 독립만세운동을 기념하기 위하여 금산군에서 3·1의거 60주년을 맞은 1979년에 건립한 것으로 되어있다.

동포 청년들에게 독립적 자유활동을 촉구하는 결의문도 새겨놓고 있다. 옆에는 투쟁과 봉사로 점철된 생애를 기리기 위해 세운 애국지사 조권형선생공적비가 자유와 평화의 상징인 듯 서 있다.

다소 가파른 길을 오르다 보면 국가보훈처 지정 현충시설이 의연하게 앞에 선다.

충령사(忠靈祠)는 나라와 겨레를 위하여 고귀한 생명을 바치신 호국영령들의 숭고한 정신을 추모하기 위하여 이 고장 출신 애국지사, 전몰장병, 순국경찰, 파월장병 등 조국의 수호신으로 산화하신 596위 호국영령들의 위패를 모신 곳이다.

1) 3·1독립의거기념비 / 2) 충령사 / 3) 자유평화 수호탑

자유평화수호탑은 6·25참전유공자기념탑과 베트남(월남) 참전수호탑의 의미를 함께 아우르고 있다.

6·25참전유공자 기념탑은 조국의 운명이 실로 풍전등화의 위기에 있을때 죽음을 무릅쓰고 나라를 지킨 6·25참전용사의 공적과 충성심을 고취한다는 취지로 사단법인 대한민국 금산군 6·25참전유공자회 일동으로 세웠다. 베트남(월남)참전 수호탑은 세계평화와 자유민주주의를 수호하기 위하여 대한의 십자군으로 이역만리 베트남 전선에 파병되어 국가의 위상을 세계만방에 드높인 전우들의 위업을 기리기 위하여 베트남 참전 금산 전우회 일동으로 세웠다.

다음은 민주탑을 본다. 시 한편이 새겨져 있는데 읽을 수가 없다. 누가 썼는지도 모른다. 2011년 나는 3·8 민주의거기념시선집 『함성은 침묵으로 쌓여 흐른다』를 만들기 위하여 이 민주탑을 취재 탐구한 일이 있다.

4·19혁명 열사 고병래(高炳來 1939~1960)와 김창섭(金彰燮 1938~1960)을 기리는 탑이다. 고병래는 금산읍 상옥리 출신으로 대전고를 졸업하고 중앙대 상대 재학중이던 1960년 4월 19일 데모대 선두 행렬 중 내무부 앞에서 경찰의 총격으로 두부를 관통, 백병원입원 직후 절명했다. 김창섭은 금산군 남이면 흑암리 출신

으로 금산농고를 졸업하고, 숭실대 사학과 재학중이던 1960년 4월 19일 데모대에 참가 소방차를 탈취 편승하여 경무대로 가던 중 남대문 부근 2층 건물에서 발포한 총탄이 흉부를 관통하여 절명했다.

고등학교 재학생으로 3·8데모에 직접 참여 했던 사람으로 이 형님들에 대한 순정으로 잠시 머리를 숙이고 숙고하며 시 한편을 바친다. 3·8데모는 1960년 3월 8일에 있었던 대전의 민주의거로 4·19혁명의 도화선이 되었으며 지금은 국가법률로 보호받는 단체로 발전하였다.

민주꽃

김용재

3·8민주의거기념사업회 공동의장
대전충남 4·19혁명 동지회장

어둠 거듭 밟아도 또 어둠일 때
죽도록 피를 뿌려 밝다, 외쳤네

뜨거운 분노의 서울 선두에서
고병래 형 머리 관통 쓰러지고
김창섭 형 가슴 관통 쓰러지고
그 통곡 살 파고 민주꽃 피었네

역사를 열고, 오늘 양지에 서네
금산에 대한에 민주 열매 익었네

땀을 많이 흘렸다. '금산문화의집'에서 물 한 모금 얻어마시고 내려오면서 생각해 보았다.

어딜 가나 쉽게 찾아볼 수 있는 기념탑, 기념비, 현충시설 적지 않지만, 이곳은 의미가 좀 달랐다. 3·1운동 관련 독립정신, 6·25관련 구국정신, 3·8이나 4·19관련 민주정신, 대한민국의 오늘이 있기까지 대한민국을 지탱한 이 3대 정신이 금산의 남산공원에 고향으로 터를 잡고 함께 모여 있다는 것은 예사로운 일이 아니었다.

금산 사람들이시여! 새롭게 금산의 뒷동산에 올라보시라. 금산에 오는 사람들이시여! 한번은 꼭 금산의 뒷동산에 올라보시라. 금산의 제법 나이 든 사위가 말씀드리노니, 금산이 어떤 곳인지 알게 되면 나라가 무엇인지 손에 잡힐 것이외다. 그러면 당신도 나도 외롭지 않을 것이외다.

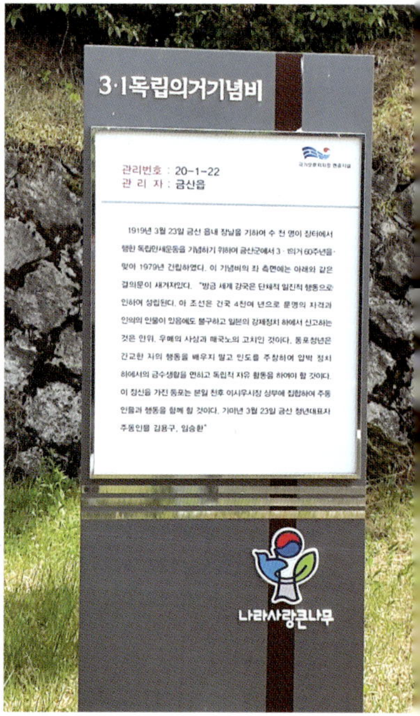

금산을 빛낸 인물들

– 임영신 · 유진산 · 임희재

곽평치

장안 전업사 대표
금산군생활체육협의회장(역)
금산 훈관정 사두(역)

승당 임영신　　　　옥계 유진산　　　　임희재

충청남도 금산군은 1읍 9군으로 이루어져 있다. 행정지명은 금산읍과 군북면, 금성면, 남이면, 남일면, 복수면, 부리면, 제원면, 진산면, 추부면 등이다. 이웃관계를 보면 동쪽으로 충북 영동군, 서쪽으로 논산시와 전북 완주군, 남쪽으로 전북 무주군과 진안군, 북쪽으로 대전광역시와 충북 옥천군이 접해있다.

군을 상징하는 꽃은 모란, 나무는 소나무, 새는 파랑새, 물고기는 감돌고기이다. 감돌고기는 잉어과의 민물고기로 맑은 물이 흐르는 자갈바닥에 산다고 한다.

금산의 유서깊은 곳이나 자랑스런 곳은 국가시설로서 칠백의총이 있고 금산위성통신지구국이 있다.

금성면 양전리에 있는 위성통신지구국은 우리나라 국제통신 관문으로서의 유일한 과학시설이며 일반인 출입이 금지되어있다.

그리고 아픈 길재의 백세청풍각, 이태조태실비, 고경명선생비, 권율의 이치대첩비, 어필각 등 괄목할만한 고적 및 유적이 곳곳에 자리하고 있어 금산이 곧 아픈 역사의 요새에서 의분을 떨친 중심이 되었다는 생각을 지울 수가 없다.

머리를 식힐 겸 베스트 풍경을 담은 소위 금산8경을 살펴본다. 적벽강·대둔산·12폭포·진악산·서대산·천내강·귀래정·국사봉 등 어느 한 곳이라도 둘러보며 천혜의 자연환경과 아름다운 세상을 마음껏 느낄 수 있을 것이다.

오래지 않은 시설로서 충효예공원이 있고 그 공원 내에 금산을 빛낸 인물 흉상이 의연하게 자리하고 있다. 승당 임영신, 옥계 유진산, 희곡작가 임희재 선생 등 세분의 업적을 기려 금산군청에서 2013년 12월에 흉상제막식을 개최한 것으로 알려져 있다.

군청에서 소개하고 있지만 그 분들은 사실상, 명실공히 대한민국 인물로 손색이 없다 할 것이다. 그 내용을 옮겨본다.

승당 임영신

승당 임영신 박사는 국가와 민족의 독립과 교육입국으로 선진국 대열에 오를 것을 열망한 애국지사였다. 우리나라 최초 여성정당 창설자, 최초 여성장관, 최초 여성국회의원, 최초 여성 대학설립자 및 총장, 세계 최초 여성 부통령 입후보자 등 국가와 민족번영에 공헌한 그의 생애는 많은 사람들에게 귀감이 될 것이다.

연보

1899년 충남 금산군 금산읍 상옥리 출생

1930년 미국 서던캘리포니아 대학교 졸업 및 동대학원 수료

1931년 중앙 보육학교 교장 취임

1945년 대한여자국민당 창당

1946년 중앙(中央)여자대학설립, 학장 취임

1948년 상공부장관 취임

1949년 안동 보궐선거 제헌 국회의원에 당선

1950년 제2대 국회의원 재선, 유엔총회 한국대표 취임

1953년 중앙대학교 총장 취임

1961년 대한여자청년단장 취임

1963년 한국부인회 결성 회장 취임

1965년 대한교육연합회장 취임

1971년 대한교원공제회 초대이사장 취임

1977년 2월 타계

옥계 유진산

유진산 선생은 한평생 야당 정치인으로 국민과 함께 호흡하며 국민의 대변자로 당리보다는 국리민복을 먼저 내세우는 국가관으로 이 땅에 참된 민주주의를 정착 시키려고 앞장서 걸어간 선구자였다. 7선 의원으로 민주정치의 기본을 대화와 타협에 두었고 나라와 국민에게 이로운 길이 무엇인가를 걱정했던 정치인이었다.

연보

1905년 충남 금산군 진산면 출생

1923년 보성고등보통학교 졸업

1926년 일본 와세다대학 정경학부 입학

1946년 대한민주청년총동맹 창설하여 반탁운동 주도

1947년 청년조선총동맹 결성 주도

1954년 이래 3·4·5·6·7·8·9대 국회의원 당선

1961년 구파 중심의 신민당 창당

1963년 민정당 창당하여 김병로를 당대표로 추대

1966년 민중당 부총재

1967년 신민당 부총재

1970년 신민당 총재 당선

1974년 4월 타계

임희재

임희재 선생은 대한민국 영상문학의 선구자이며 개척자다. 대한민국의 영상문학은 임희재로부터 시작되고 임희재를 통해 꽃피웠다. 시대와 장르, 그리고 미디어를 향해 열린 그의 정신은 오늘날 영화, 텔레비전드라마 등 다양한 분야에서 미디어

서사의 단초가 되었다.

특히 드라마 「아씨」는 극장영화 전성시대를 마감하고 텔레비전 시대를 개막한 기념비적인 작품이다.

연보

1919년 충남 금산군 남이면 성곡리 출생

1933년 금산공립보통학교(현 중앙초) 19회 졸업

1938년 이리농림학교 졸업, 금산군청 근무

1939년 니혼대학 법과 중퇴, 예술과 졸업

1945년 황해도 해주 극단 조직

1947년 금산농업고등학교 교사, 중도일보사(대전) 기자

1955년 조선일보 신춘문예 희곡 「기류지」 당선

1959년 현대문학사 신인문학상 수상

1960년 한국영화이사회 시나리오상 수상

1962년 제1회 대종상 영화제 각본상 수상

1963년 제1회 청룡영화상 각본상 수상, 제3회 대종상 영화제 각본상 수상

1970년 3월~1971년 1월 TV드라마 「아씨」 253회 방영

1971년 3월 타계

이 분들은 정말 금산을 대표하는 근현대 인물들이며 나라에 공헌한 위대한 사람들이다. 교육자로서 정치인으로서 문인으로서 훌륭한 업적을 남기고 국가의 발전과 국민의 복리를 위해 일생을 헌신하고 봉사한 사람들이다.

마치 하루하루의 생활이 운명보다 더 위대한 것처럼 무한으로 깊게 생각하며 말없이 헌신하였을 것이다. 그리고 참기 어려운 고통도 인내하며 아름다운 헌신의 모든 일을 작게 한정하려는 풍성한 정신력을 갈고 닦았을 것이다.

금산에서 태어나 금산에서 살고 있는 나에게 그 분들은 묻고 있는 듯 했다.

"당신은 금산을 위해 무슨 일을 할 것이며 나라를 위해 어떻게 살 것인가?"라고.

만인산 萬仞山

– 태봉에 묻어둔 왕도의 꿈이련가

김성기

(주)하나식품 대표
금성농산설립(1969)
금산라이온스회장(역)

만인산은 충청남도 금산군과 대전광역시 일대에 걸쳐있는 산이다. 만 길이나 되는 높고 깊은 산이란 뜻으로 붙여진 이름이라는 설이 있다, 또 하나는 성봉(星奉)이 있는데 '땅이 두텁고 물이 깊으며 봉우리가 기이하고 빼어나게 우뚝 솟아 모양이 마치 연꽃같이 생겼다. 우리 태조의 태를 묻었다'는 기록에 근거하고 있다. 일설에는 수많은 골짜기가 모여 산을 이뤄서 그렇게 불렸다고도 전해지고 있다.

충남 금산 추부면에서 대전으로 넘어가는 길목인 만인산에 뚫린 추부터널이 보이는 왼쪽으로 태조대왕 태실 팻말이 보인다. 주차장에 도착하니 태실 자생식물원이 자리하고 있다.

청정지역 금산을 상징하는 표지석이 제일 먼저 눈에 들어오고 웅비의 소리라는 선녀 조각상이 힐링과 휴식으로 안내한다. 자생식물원은 금산군에서 역점을 두고 추진한 〈1000개의 자연공원 가꾸기〉 사업에 태실공원이 포함되어 마전리 송영근(宋英根)씨가 금산군에 기탁한 임야로 자활근로사업과 공공근로사업으로 조성하였다 한다. 1억 5천만 원의 예산절감 효과를 보았고 지금은 많은 주민들의 산책과 휴식처로 각광을 받고 있는 곳이라고 한다.

태조대왕의 태실을 안내하는 "태봉에 묻어둔 왕도의 꿈" 표지판에는 '태봉 또는 태실이라 함은 왕실에서 아이를 출산하면 그 태를 묻어두었던 장소를 지칭하는 말이다'를 시작으로 신증동국여지승람 진산군

1)·2)·3) 태실자생식물원 – 태실정 / 4) 태조대왕 태실 비

편에 만인산에 대하여 그리고 18세기 유일한 군현지도인 「해동지도」(1747~1950)에도 동일한 기록이 보이는데 진산군 지도와 함께 연꽃에 비유되는 태실의 지세와 만인산을 태실지로 점복(占卜)한 내력이 상세히 기록되어 있다.

천하대장군과 지하여장군 가운데 길을 지나 자생식물이 터널을 이루어 시원한 그늘이 드리워진 길을 통과하며 한여름 더위를 식히고 다시 산길로 접어든다. 조선을 개국한 태조대왕의 태가 묻혀있는 만인산은 당연히 조선 최고의 명당자리이고 태조 이성계의 태실(胎室)이 있는 산이라고 해서 태실산(胎室山), 또는 태봉산이라고도 한다. 신성한 기운이 감돌 것 같은 태실로 향하는 숲길에 이정표가 보인다. 만인산과 정기봉 사이에 태실이 위치하고 있는 것이다.

태조대왕 태실은 조선조 제1대 왕인 태조 이성계의 태(胎)를 봉안한 석실이다. 조선 태조 5년에 건축 되었으며 태조 이성계의 태를 처음에는 함경도 본궁의 용연(龍淵)에 안치하였다가 무학대사의 지시로 금산군 추부면 만인산에 옮겨 안치하고 태실비를 세웠다고 한다. 1928년 조선 총독부에서 태 항아리를 창경원으

5)·6)·7) 정기봉(580m) – 봉화대 터

로 옮겨간 후 석비와 석조물만이 남아 원형을 찾아보기 어려울 정도로 파손 되고 산재되어 있었으나 1993년 현 위치인 추부면 마전리 산 1-66번지에 복원하였다. 태실은 팔각형으로 돌 난간을 두른 정역(淨域)을 만들고, 그 안에 팔각원당형(八角圓堂形)의 태실 구조로 되어 있다. 그 앞에는 구부(龜趺) 위에 태실비가 있으며, 전면에는 '태조대왕 태실'이라는 비문이 음각되어 있다. 태를 봉안한 후 만인산을 태봉산으로 부르게 되었고, 현재는 충청남도 문화재자료 제131호로 지정, 관리되고 있으며 국가지정문화재로 승격시키기 위해 문화재위원회 심의를 기다리고 있다. 거북의 몸통에 머리는 해태의 모습을 한 태실의 받침돌과 태실 비문은 3등분으로 깨어진 모습이 아픈 역사의 상처로 남아있지만 국가지정문화재로 승격되길 기원하는 마음이다.

태실 바로 위에 아슬아슬 세줄타기 유격훈련을 하고 가파르게 산을 오르면 밧줄타기 훈련장에 도착하여 숨고르기를 한다. 이어지는 길에는 "뗏목타기", "타고넘기", "오소리동굴"등 시설물을 즐기며 완만한 능선을 한동안 유유자적하며 오르다 보면 정기봉의 본격적인 오름길이 시작된다. 통나무 계단을 한없이

올라 정기봉에 다다르니 올라온 반대편으로 만인산과 만인루가 바로 아래 보이고 오른쪽으로 한 폭의 수묵화와 같이 우직하게 자리한 서대산의 아름다운 자태가 눈을 즐겁게 해준다. 만인산의 주봉(主峯)은 해발고도 537m, 정기봉은 580m, 높이로 따지자면 정기봉이 주봉보다 30m 가량 높다. 두 봉우리는 옛날 한성으로 연결된 봉화대가 설치되어 있었으나 지금은 그 터만 남아 있다. 주봉의 봉화는 호남의 봉화와 연결되었으며, 정기봉 봉화는 영남의 봉화로 연결되어 만인산은 양대 봉화의 분수령 역할을 했던 유서 깊은 산임을 알 수 있다. 오른쪽으로 가는 식장산 이정표를 무시하고 내리막 직진하는 길을 택하여 만인산 봉화대 터로 향한다.

8) 정기봉(580m) – 봉화대 터 / 9) · 10) 만인산 (537m)

다시 태실을 향해 정기봉(1.5km)에서 내려와 만인산(1.6km) 봉화대 터로 향한다. 조선 500년 동안 태조대왕 이성계의 태실이 묻혀 있는 만인산 고갯길은 신성불가침의 성역이어서 인근을 지나는 사람들은(대전 – 통영고속도로 마달 터널이 개통된) 마달령으로 돌아서 다녔다고 한다. 말 타고 넘지 않으면 안 되는 험한 고개라서 마달령(馬達嶺)이라 한다.

봉화대는 옛날 봉수대가 있었던 곳으로 한양에서 보내오는 봉신(烽信)을 받아 호남지역으로 전하였다고 한다. 정상에서의 조망은 북서쪽으로만 조금 트여 서쪽 멀리 대둔산과 계룡산만 겨우 시야에 들어오고 금동고개 너머에 이정표의 대전광역시 보문산은 숲에 가려 보이지 않는다. 만인루는 만인산에서 가장 조망이 잘 터지는 곳이다. 정자 2층에 오르면 동쪽 협곡 건너로 정기봉과 푸른학습원 건물이 마주 보이고 정기봉 오른쪽 멀리로는 장룡산과 서대산이 하늘금을 이루고 있다. 내려오는 길의 봉수레미골은 대전천 발원지로 물빛이 깨끗하다. 주변 만인산 휴양림 탐방길도 깨끗하여 만나는 분들은 편안한 표정으로 산책을 즐긴다. 이 계곡 이름은 옛날 정상에 있었다는 봉수대를 오가는 길목이어서 생긴 것이라고 한다.

금산군과 대전광역시를 넘나드는 등산을 마치고 금산군 마전리 추부의 대표음식 추어탕과 인삼 튀김의 그윽한 맛을 즐기는 호사는 일품이다. 금산군과 대전광역시 주민들에게 울창한 숲의 휴양림을 제공해주고 천혜의 순수와 인삼의 향기를 깊숙이 품고 있는 만인산은 고고한 아름다움을 뿜어내는 맛과 멋의 기품을 자랑한다.

제2부
금산8경의 매력을 담다

작열하는 태양의 은혜로 온 천지가 푸르게 옷을 입었다. 6월의 싱싱함을 눈에 담으며 인삼의 고장 금산으로 향했다. 대전에서 금산까지의 국도는 고속도로가 부럽지 않을 만큼 곧고 넓게 뻗어있다. 가는 길에 소정 선생의 시에 나오는 '머들령' 고개는 터널이 뚫려있었고 사방으로 평화로운 농촌이 그림처럼 펼쳐진다. 옛 도로를 따라가면 옛터박물관과 만인산휴게소가 눈길을 끈다. 금산읍 입구에 다다르면 '칠백의총'을 알리는 표지가 마음을 숙연하게 하여 옷깃을 여미게 한다. –「적벽강이 부른다」 중에서

국사봉을 바라보며 금산의 유명한 음식, 뜨거운 인삼 어죽을 한 그릇 먹었다. 시원한 바람이 한줄기 불어온다. 충남 금산(錦山)의 국사봉 아래의 엄정마을의 한여름은 초록 비단을 펼쳐놓은 듯 아름답다. 마을 회관 아래쪽으로 냇물이 흐른다. 산 좋고 물 좋은 금산, 살기 좋은 곳이기에 외지 사람들이 예쁜 집을 짓고 들어와 사는 곳, 또 인근 도시에서는 주말마다 와서 가족끼리 농사도 짓고 휴식도 취하고 가는 사람들이 많아지고 있는 곳, 이곳 금산이 도시 생활에 지친 내가 쉴 힐링의 장소로 안성맞춤이라는 생각이 순간 머리를 스친다. –「국사봉을 바라보며」 중에서

적벽강赤壁江이 부른다

이정희

수필가, 문학박사
전 선문대영문과 교수

작열하는 태양의 은혜로 온 천지가 푸르게 옷을 입었다. 6월의 싱싱함을 눈에 담으며 인삼의 고장 금산으로 향했다. 대전에서 금산까지의 국도는 고속도로가 부럽지 않을 만큼 곧고 넓게 뻗어있다. 가는 길에 소정 선생의 시에 나오는 '머들령' 고개는 터널이 뚫려있었고 사방으로 평화로운 농촌이 그림처럼 펼쳐진다. 옛 도로를 따라가면 옛터박물관과 만인산휴게소가 눈길을 끈다. 금산읍 입구에 다다르면 '칠백의총'을 알리는 표지가 마음을 숙연하게 하여 옷깃을 여미게 한다.

금산읍의 운치 있는 커피숍에서 그곳의 시인 박 선생님을 만나 정담을 나누고 밖으로 나오니 인삼 시장으로 안내를 하기에 따라나섰다. 그리고 실하고 좋은 인삼을 한 채 안겨주었다. 뜻하지 않게 인삼을 선물로 받으니 몸은 이미 보신된 느낌이다. 선물을 주는 사람은 즐겁고 받는 사람은 기쁘다. 더욱이 몸에 면역력을 증진시키는 인삼은 세계인들이 즐기는 식품이기에 받는 기쁨은 배가 되는 듯싶었다. 그리고 금산의 명소 적벽강(赤壁江)으로 방향을 잡았다. 금산읍에서 17.7km 거리로 약 40여 분의 시간이 걸렸다. 행정구역으로는 충남 금산군 부리면 수통리이다. 금산읍사무소 앞에서 버스가 운행되고 있음을 알았다.

적벽강은 본래 금강의 상류로 전북 장수군 장수읍 수분리 뜬봉에서 발원하여 유유히 북쪽으로 흐르다가 창남에서 동남쪽으로 물굽이를 틀어 금산군 서쪽 부리면 방우리에 이르러서 적벽강이라는 이름을 얻는다. 여기서부터 층암절벽으로 이루어진 산 사이를 뚫고 흘러 적벽강이 휘감아 도는 곳에 수통리 마을이 한가하게 자리 잡고 있다. 그 앞은 넓게 시야가 확 트이고 기암절벽 아래 고요한 수면과 자갈밭이 넉넉하게 펼쳐진다. 좌측으로 기암으로 이루어진 붉은 절벽이 있으니 이 산을 적벽이라 부르고 그 아래로 흐르는 강을 적벽강이라 한다. 적벽은 바위산이 붉은색이기 때문에 유래된 것으로 강물 아래로 굴이 뚫려 있어서 신기함을 더해준다. 이곳은 중국 후베이 성 자위 현에 있는 양쯔 강 남쪽 강가에 있는 천의절경 적벽강과 흡사하다 하여 붙여진 이름이라 한다. 산과 강이 거대한 한 폭의 그림 같아서 한 눈에 담기에는 너무 벅차다.

비록 바위산이지만 온갖 기화요초가 무성하고 봄에는 봄꽃이, 여름에는 푸른 소나무, 가을에는 고운 단풍, 겨울에는 설화가 강물에 비쳐 마치 비단에 수를 놓은 듯한 푸른 물결과 함께 가히 장관을 이루는데 어부들이 배를 젓는 모습이 또한 운치를 불러일으키니 시인이 아니라도 절로 감흥이 돋으리라. 나는 봄에 와서 이름도 알 수 없는 꽃들을 보았고 이제 푸른 소나무를 보았으니 가을과 겨울에 다시 때를 맞춰 와 보고 싶다. 특히 노을 진 가을 저녁 무렵에 불타는 듯한 단풍이 강물에 비친 절경을 보면서 일엽편주에

몸을 싣고 명상에 잠겨본다면 바로 예가 천국임을 느낄 수 있으리라.

어디 그뿐이랴. 시간 가는 줄도 모르고 경치에 취하노라면 시장함을 느끼게 된다. 이럴 즈음에 이곳의 맛집에서 일급수에서만 산다는 쏘가리 매운탕 한 그릇이면 피로도 풀린다. 입맛에 따라 어죽을 들어도 좋다. 날이 저물면 적벽강 캠핑장이나 인근의 펜션에서 여독을 풀 수도 있다. 다정한 연인과 함께라면 더 좋을 것이고, 친구들과 소주잔을 기울이며 우정을 나누는 밤이면 더욱 행복하리라.

이 땅에 살면서 그윽한 향기로 가득한 인삼의 본향 금산을 둘러보고 널리 소문나지 않은 적벽강에서 자연과 어울려 스스로를 돌아볼 수 있다면 현대가 주는 고통을 씻을 수 있으리라. 아직도 때 묻지 않은 이곳은 공기 맑고 물이 맑아 다녀간 사람들만이 아끼는 명소라 할 것이다. 우리가 아끼는 적벽강의 묘미를 음미할 수 있는 여유를 가져볼 일이다. 적벽 강에서 사유에 젖은 삶을 생각해 본 사람이라면 인생을 한낱 꿈에 불과하다고 말하지 않으리다.

찬란한 풍광이 품은 민족항쟁의 꿈들

정미선
번역가. 영문학박사
Poetey Korea. chief editor

대둔산은 무겁다. 속이 탁 트이는 드넓은 산세와 기암절벽 사이사이에 가시 박힌 민족사가 곳곳에 뿌리를 내리고 있다. 특히나 7월 우중(雨中)의 대둔산은 솔 빛으로 씻은 듯 맑은 얼굴을 그대로 드러내고 있어 찬란하면서도 처연하다.

충남과 전북의 도립공원인 대둔산의 높이 878m. 수십 개의 봉우리가 충남 금산군 진산면과 논산시 벌곡면, 전북 완주군 운주면에 6km에 걸쳐 솟아 있다. 금산 8경의 하나로 산세가 아름다워 남한의 소금강산이라 불린다. 최고봉인 마천대를 중심으로 수 많은 기암괴석과 폭포, 계곡 등 절경을 자랑한다. 태고사, 안

심사 등 천년 고찰도 품고 있다.

금산 출신의 속 깊은 친구와 대전에서 진산방향으로 40여분을 차로 달려 먼저 도착한 곳은 대둔산 동쪽의 배티재(해발 350m)이다. 지금은 자연휴양림이 있는 배티재는 과거에 산돌배나무가 많이 자란데서 이치(梨峙)로도 불린다. 배티재는 충청도에서 전라도로 가는 주요통로로, 전쟁 시에는 전략적 요충지였다. 임진왜란 때는 권율 장군과 황진 장군이 이끄는 1,500명의 조선병사들이 호남평야에서 군량미 확보를 꾀하고자 했던 왜군 1만 명과 맞서 전투를 치러 승리했다. 이를 기념하는 이치전투 기념비가 초라하게 서 있다. 이제는 낯선 역사의 이름이 되어버린 작은 기념비를 바라보니 자신 목숨보다, 두려움보다 더 소중했을 그 무엇을 위해 배티재에 피를 뿌린 조상들의 심정이 느껴져 먹먹하다.

배티재를 지나 대둔산 주차장에 도착하니 간간이 쏟아지는 빗줄기에 주차장도 식당가도 한산하다. 10여분 걸어가 케이블카를 타고 전망대(해발 600m)에 오르니 겹겹의 산봉우리들이 한 눈에 들어온다. 갑자기 눈이 트이고 산바람에 머릿속까지 시원하다. 점점이 보이는 작은 촌락들이 정겹다. 그러나 안락해 보이는 그 작은 촌락 속의 삶은 그리 훈훈하지 않았던 모양이다. 친구가 기억하는 마을 사람들은 뛰어난 풍광을 즐기기엔 턱없이 부족한 농토로 늘 생계를 걱정했으며, 정치적 이데올로기로 인한 지역차별로 소외되었다. 사람 사이의 이해와 소통에 일반화의 오류는 얼마나 치명적인지, 특히나 그것이 정치적이고 문화적일 때는 더욱이 그렇다.

전망대를 지나 임금바위와 입석대를 잇는 높이 81m에 폭 1m의 금강구름다리 위를 걸으며 내려다본 풍경은 아찔하다. 문득, 한 없이 깊고 높은 산봉우리들과 넓은 산자락이 자신들을 품어 주리라 여겨 이곳에 숨어들었다가 전멸한 빨치산들과 동학혁명군들의 발꿈치가 보이는 듯하다.

동학농민군의 최후의 항전지인 대둔산. 최공우가 이끌던 농민군이 대둔산 석두골 위쪽 형제바위옆 150여m의 암반을 근거지로 주변 마을과 연계하면서 정부군 및 일본군과 접전을 벌였던 곳이다. 이곳의

농민군 지도자 25명은 정부군과 일본군에 의해 진지가 함락되자 150m의 암벽에서 몸을 던졌다. 추위와 배고픔, 죽음의 두려움에도 그들이 간직했던 가슴 속 뜨거운 열망과 정신이 가을 대둔산의 단풍을 더 붉고 화려하게 채색하고 있지 않을까 생각해 본다.

조금씩 날리는 비에 대둔산의 명소 왕관바위는 다음에 탐색하겠다고 기약하며 내려왔다. 산 아래 초입의 동학혁명 기념비를 향해 걷다보니 폐허가 된 건물의 부서진 담장너머로 도라지꽃들과 호박들이 돌보는 사람 없이 홀로 자라고 있다. 국가의 참된 자주독립과 백성중심의 새로운 제도와 질서를 세우고자 했던 동학농민들 또한 홀로 피고 지는 꽃은 아니었을까?

동학농민혁명 대둔산 항쟁 전적비에는 "척양 척왜 보국 안민" 이라는 혁명군들의 기치가 새겨져 있다. 그 앞 게시판에는 전적지와 전적비에 대한 간략한 설명이 덧붙여 있다. 솟대처럼 세워져 있는 전적비가 억울함에 눈 감지 못했을 농민군들을 위로하는 듯 빗물을 흘리고 있다.

전적비를 뒤로 하고 내려오는 길목에는 즐비한 음식점들이 튀겨낸 빛깔 좋은 인삼튀김들이 내 안의 피들을 뜨겁게 달궈 주겠다는 듯 기다린다. 인삼청에 찍어 한 입 씹어보니 알싸한 것이 기름과 조화롭다. 덤으로 나온 깻잎 튀김도 맛있다. 힘이 불끈 솟는 것 같아 그 기운에 수락계곡으로 달린다.

장맛비에 불어난 물에 계곡이 요란하다. 한 여름 어떤 더위도 이곳에서는 이름값을 하기 어렵다. 수락폭포의 시원한 물소리에 잠시 생각을 멈춘다. 수락계곡을 지나니 원효대사가 사흘을 머물고도 떠나기를 주저한, 만해 한용운이 천하의 명승지라 칭한 태고사의 팻말이 나온다. 날이 어두워지고 빗줄기가 굵어진다. 더 자세히 둘러보지 못하는 아쉬움에 뒤통수가 따갑다.

돌아오는 길, 물 좋고 산세 좋은 금산 추부의 자랑거리인 추어탕에 밥을 말아 한 수저 뜨니 모든 게 넉넉하다. 마음 좋고 애정 깊은 친구와 함께 하니 세상이 호기롭다.

12폭포 탐방기

김인영
번역가. 영문학박사
Poetry Korea – secretary general

금산 읍에서 12km쯤 떨어진 남이면에 위치한 성치산 산자락에 구석리(모티마을)가 있다. 마을 앞으로는 봉황천이 흐르는데 금산 8경중 하나로 알려진 12폭포에 가는 길은 봉황천을 건너 마을 입구에서 시작된다. 마을을 출발하여 일명 무자치 계곡을 따라 5분여를 걸으면 12폭포 중 첫 번째 폭포에 도달하게 된다.

금산 8경 중 하나인 12폭포가 설악산에서 마주치는 토왕성 폭포나 제주도의 정방 폭포처럼 탄성을 자아낼 만큼 크고 웅장하길 기대할 방문객은 없을 것이다. 그래도 금산 8경중 하나라는 12폭포를 찾은 탐방객이 제1폭포를 마주했을 때 느끼게 되는 첫인상은 실소를 금할 수 없게 만든다. 높이 솟은 바위 사이로 시원하게 떨어지는 물 폭포는 고사하고 나지막해 보이는 바위 사이로 채 1미터 남짓의 낙 폭을 보이는 제1폭포는 차마 폭포라고 부르기에 민망하다. 얼마간의 허탈감을 가지고 다시 출발해서 이어지는 제2폭포, 제3폭포 그리고 제4폭포에 이르러서도 제1폭포에서 가지게 되었던 첫 인상은 크게 변하지 않았다. 마을 초입에서 12폭포에 대해서 물어 보았을 때, 12폭포라는 이름이 잘못 지어졌다고 동네 주민께서 계면쩍게 했던 말이 생각났다. 하지만 제5폭포는 그래도 볼만할 것이라던 그 주민분의 친절한 설명을 새삼스레 위안 삼아 나는 제5폭포로 향했다.

제5폭포로 가는 길은 처음부터 그랬던 것처럼 가끔씩 얕게 놓인 징검다리 디딤돌을 건너며 계곡의 좌우로 따라 걸을 수 있는 오솔길로 이어진다.

긴 가뭄 끝에 찾아왔던 장마도 끝나고 계곡을 따라 들려오는 물소리는 숲 속에서 불어오는 선선한 바람과 이름 모를 산새들 지저귐 속에 온통 함께 뒤섞여 상쾌했다.

그리고 마침내 마주하게 되는 제5폭포 앞에 서면 지금까지 거쳐 온 폭포들과는 사뭇 다른 위용을 보게 된다. 폭포 아래 새겨진 청뢰(晴雷)라는 한자가 나타내듯 20여 미터는 족히 넘을 것 같은 높이에서 "마른 하늘에 날벼락"처럼 소리 치며 수직으로 떨어지는 폭포수는 7월의 더위를 씻어내기에 충분했다. 비록 상상 이상의 크기는 아니었지만 12폭포를 대표한다고 알려진 제5폭포는 좌우로 우거진 수목이 폭포에서 떨어진 맑은 물에 비춰지고 있었다. 사람들은 그 수면이 마치 대나무 숲처럼 보인다 하여 이 폭포를 죽포라고 부르기도 하고, 또 맑은 골짜기 안에 따로 있는 별천지로 신선이 사는 동천(洞天)이라 하여 죽포동천폭포라고도 부른다 한다.

지나쳐왔던 다른 폭포들에 비해 그 규모가 상대적으로 크고 웅장해 보이는 제5폭포의 발치에 앉아 경관을 즐기던 나는 잠시 망설이고 있었다. 이제 가야할 제6폭포를 향하는 길이 지금까지의 오솔길과 다르게 조금은 경사진 등산길이었기 때문이다. 제5폭포가 12폭포의 대표적 경관이라면 굳이 마지막 제12폭포까지 갈 필요가 있을까? 탐방을 가볍게 생각하고 점심때를 놓친 채 왔기 때문에 망설임도 들었지만 다시 출발하기로 생각한 나는 다시 길을 나섰다. 이왕 나선 탐방을 중간에 그만두기도 그랬지만, 마지막 12번째 폭포를 직접 확인하고 싶었다.

제6폭포를 향하는 길부터는 경사도가 있었지만 그렇다고 숨이 턱에 차오르는 그러한 산길도 아니었다. 제6폭포에서 11폭포를 거쳐 제12폭에 이르는 산길은 돌무더기가 불규칙하게 솟아있어 발길을 조심해야 했으며, 장마 끝에 남아 흐르는 빗물로 산기슭 경사로가 조금은 미끄러울 수 있지만, 여전히 오솔길에서와 같이 호젓하고 상쾌했다. 이제 만나는 폭포들은 앞서 제1폭포에서 제4폭포에 이르며 보았던 폭포들 보다는 조금은 더 골짜기 안쪽에 위치해 있는 까닭에 그 모양이 보다 깊이가 있고 운치가 있어 보였다. 여전히 소박하지만 아마도 그 옛날 선비들이 더위를 피해 찾아 들어와, 옷깃을 풀어 헤치고 앉아 이곳에서 세족(洗足)을 하였으리라. 풍류를 즐기기에 충분할 정도로 풍광이 좋았고, 흐르는 물결에 비추는 햇살은 그늘진 나무 밑에서 보면 청량감마저 느낄 수 있었다. 마을 입구에서부터 거리가 3km를 약간 웃도는 지점에 위치한 제12폭포에 도착하기 까지 1시간여를 걸었지만 힘들거나 피로하다고 느낄 수 없을 정도였다. 찾는 이 마다 개인 차이가 있겠지만, 나에게는 아기자기한 산길과 폭포들을 감상하며 걷기에 적당한 거리와 시간이었고, 처음 제1폭포를 보고 느꼈던 실망감도 잊게 만드는 즐거움을 주는 탐방 길이었다.

산길을 되짚어 내려오며, 올라가던 길에 폭포에만 신경 쓰며 혹시 놓친 것이 있나 다시 한 번 주위를 둘러보았다. 물과 바위가 만나 생긴 계곡은 그 물길이 유연하고, 낮은 폭포를 이루고 있는 바위들이 보여주는 윤곽이 유려하고 매끄럽다. 숲은 우거졌지만 그렇다고 과하지 않았고, 신선한 바람이 불어와 오솔길을 따라 걷는 산행 길을 상쾌하게 하였다. 물과 바위, 폭포와 오솔길이 어울려 화려하지는 않지만 그렇다고 투박하지도 않은 12폭포 탐방 길은 내가 자연을 찾을 때 매번 느끼는 이치 하나를 떠오르게 만들었다. 비록 나무 한 그루, 풀 한 포기까지도, 자연 속 모든 것이 억겁의 시간 동안 제자리에서 탄생과 사멸의 시간을 견뎌낸다는 것. 비록 그 모양이 비루해 보이거나 소박하여도 자연을 이루는 모든 것이 제 각각 의미를 가지고 있으며 찾아오는 모두를 묵묵히 품에 받아들인다는 것. 비록 금산 12폭포는 그 규모나 크기에 있어서 웅장하거나, 찾는 이를 압도하는 그러한 정기를 보여주지 않지만, 금산을 닮아 담백하고, 있는 그대로의 모습으로 찾는 이에게 안식을 주는 그러한 명소였다. 금산이 기다림과 정성으로 6년 근 인삼의 약효를 만들어내듯, 금산 12폭포는 은근한 인삼차의 향훈처럼 찾는 이의 마음 속 깊이 담아두었던 응어리를 녹여주는 그런 치유의 장소가 될 수 있는 곳이었다.

진악산 정기 받아

송하성
금산의용소방대장(역)
금산경찰서 선진질서위원장(역)
금산군 바르게살기위원장(역)

1) 진악산 전경 / 2) 진악산 표지석

진악산은 그 우람한 모습의 위대함과 굳건함의 표상으로 금산 사람들의 마음 속에 깊게 자리하고 있다. 서대산, 계룡산에 이어 충남에서 세 번째로 높은 산이다. 그런데 진악산의 본래 이름은 진락산(進樂山)인듯하다. 나아갈 '진', 즐길 '락' 자를 써서, 오르면서 즐긴다는 뜻을 지니고 있기 때문이다. 모악산, 북악산, 송악산, 월악산, 화악산, 풍악산(남원)등 대부분의 '악' 자 돌림 산이 뫼 악(岳)자를 쓰고 있고 설악산 황악산(김천) 풍악산(금강산의 가을산)등이 큰뫼 악(嶽)자를 쓰고 있는 것에 비하면 진악산의 '락(樂)'자는 유일하고 독특하다.

아울러 금산 8경중 대둔산, 12폭포(성치산), 진악산,

서대산, 국사봉 등 5경이 산으로 되어 있지만, 진악산은 금산읍내 산으로 금산 사람들과 애환을 같이 해왔고, 인삼 관련 많은 전설이나 이야기들이 아름답게 서려있는 곳이기도 하다.

산에 오르면서 개삼터 저수지 – 도구통바위 – 봉화대 – 관음암 – 관음굴 – 원효 폭포 등을 눈여겨 볼 수 있을 것이고, 절경을 만나 심신을 치유하는 기쁨을 누릴 수 있을 것이다. 그러나 진악산에 오르려면 산기슭을 먼저 탐구해야 한다.

1500년전 최초로 인삼을 심었다는 개삼터가 있고, 진악산이 아늑하게 품고 있는 이곳 양지 바른 땅에 개삼터공원(2012년 준공)을 조성해 놓았기에 이곳의 정서를 담아야 금산의 참맛을 알 수 있기 때문이다. 아울러 영규대사 의병승장비가 있고, 천연기념물 은행나무가 있는 보석사가 있어 이곳 또한 진악산을 오르기 전에 탐구해야 할 의미있는 곳이 아닐 수 없다.

꼭 가야 할 곳을 찾아 진악산 산기슭으로 발길을 옮긴다.

개삼터 공원

금산읍 남이면 개삼로, 진악산 산기슭에 터를 잡고 개삼터공원이 조성되었다. 개삼터는 금산에서 최초로 인삼을 심은 곳이다. 고려인삼의 종주지이며, 유통의 중심지이자, 금산인삼 축제의 발원지로서 인삼의 고장 금산에서는 매우 중요한 의미를 갖는 곳이다.

공원에 들어서면 '하늘선물 금산인삼'이라는 상징 조형물이 입구에 서 있고 재현된 강처사고택, 개삼터비, 개삼각(開蔘閣), 강처사 설화구현 조형물들이 눈길을 끈다.

개삼각 창건기에는 인삼을 개시한 내역이 기록되어 있다. 그 내용을 바탕으로 인삼이야기를 펼쳐본다.

산과 강과 인심이 비단결처럼 아름다운 곳, 금산에 강처사라는 분이 살았다. 어머님의 중병을 치료코자 진악산 관음굴에서 백일기도를 드린다. 간절한 정성이 하늘에 닿아 신령님이 현몽하였다. 다음날 굴 앞에 나가보니 이름 모를 약초가 있어 그 뿌리로는 어머님의 병을 고쳤고, 세알의 빨간 씨앗은 이곳 남이면 성곡리 개안마을에 심었다. 그 이후 금산 인삼은 기나긴 세월동안 이 고장의 빛이 되고 영광이 되었다.

3) 개삼터 공원 / 4) 개삼각 / 5) 강처사 고택 / 6) 의병승장비

인삼의 종주지인 금산의 인삼은 지금 과학적 학술적으로 약효가 증명되고 세계속의 인삼으로 널리 알려져 있다. 금산 인삼 선양을 위하여 개최하는 금산 인삼축제(금년은 금산세계인삼엑스포), 바로 이곳에서 시작이 된다.

개심각 안에는 진악산 산신령이 강처사에게 인삼을 하사하는 그림이 있다.

다시 보석사로 발길을 옮긴다. 역시 진악산 산기슭이다. 영규대사승장비와 천연기념물 은행나무가 자랑거리다. 남녀노소 누구나 쉽게 접근할 수 있고 아름다운 정취를 담을 수 있는 곳이다.

의병승장비 義兵僧將碑

– 금산군 남이면 석동리 702 | 문화재자료 제23호

임진왜란 당시 중봉 조헌과 함께 의병승장으로 금산전투에서 순절한 기허당 영규대사(騎虛堂 靈圭大師)의 의병승장비를 1840년(헌종6년) 이곳 보석사 입구에 건립하였다. 비각 안에 있는 비의 앞면에 '의병승장(義兵僧將)'이 새겨져 있으나 자획이 심하게 훼손되었다.

7) 보석사 은행나무 / 8) 보석사 대웅전

금산보석사의 은행나무

– 충남 금산군 남이면 석동리 709
| 천연기념물 제365호

높이 40m, 흉고둘레 10.4m, 나이는 1000년 이상으로 추정되는 은행나무다. 뿌리가 100여평에 걸쳐 땅속에 퍼져있다. 조구대사가 보석사 창건(886년)무렵에 제자와 함께 심었다고 전해지며 마을에 변고가 있거나, 나라에 큰 일이 있을 때, 크게 울어 재난에 대비한 마을의 수호신으로 전해지고 있다.

보석사 寶石寺

– 충남 금산군 남이면 석동리 711
| 전통사찰 제5호, 유형문화재 제143호(대웅전)

진악산 남동쪽 기슭에 자리하고 있으며, 대한불교 조계종 제6교구 본사 마곡사의 말사이다. 조구 스님이 창건 당시 절 앞산의 금광에서 채굴된 금으로 불상을 조성하였다 하여 절 이름을 보석사라 하였다. 주변 경관이 사철 아름답다.

충남의 최고봉에 오르다

이회경
수필가. 행정학박사
유원대학교 외래교수

1) 서대산 전경 (904m)

금산군은 충남에서 가장 많은 산악군으로 이루어져 있다. 대둔산, 천태산, 양각산, 만인산, 수로봉 …. 그리하여 일찍이 [동국여지승람]에는 금산의 지형을 "산이 지극히 높다"라는 한마디로 기록하고 있고, 또 고려시대의 문장가였던 이규보는 "산이 지극히 높아서 들어갈수록 점점 그윽하고 싶다"라고 표현하고 있다. 산이 모두 아름다워 '비단 뫼'(錦山)라는 지명을 대표하는 서대산은 충남의 최고봉으로 한국의 100대 명산 중의 하나이다. 동서는 좁고 남북으로 길게 늘어져 있어, 신라 문성왕 무양국사가 창건하였다는 서대사가 있어 산 이름도 서대산이 되었다고 한다. 이 산은 큰 산이면서도 주변 산과 줄기가 이어지지 않고 섬처럼 육지에 우뚝 솟아있어 비래산(飛來山)이라는 별칭을 얻고 있는 산이기도 하다.

서대산을 향하는 시골의 한적한 풍경 속에 길 옆의 시커먼 그물 안을 기웃거려 본다. 그 안을 들여다보니 '금산'하면 인삼의 대명사 아닌가, 인삼이 검은 차양 아래 푸른 빛을 띠며 싱싱하게 자라고 빨간 열매를 맺고 있다. '사슴의 보은'이라는 꽃말을 간직한 꽃과 열매는 가장 젊은 시기의 4년생 인삼에서만 7월 중순께 딱 일주일가량 맺힌다고 한다. 좋은 인맥은 인삼과 같아서 선한 마음으로 상대방을 대하면 반드시 보답이 오는 것을 알기에 귀한 분께 인삼을 선물하는가 보다.

드림리조트에 주차를 하고 몽골캠프촌에 야영 온 학생들의 행복한 모습으로 환영을 받으며 1코스를 향해 나무계단으로 오른다.

2) 용바위 / 3) 서대산 전적비 / 4) 신선바위 / 5) 사자바위

용바위 아래에는 용굴이 있는데 바위 주변에 세워 놓은 나무들은 용바위를 향한 신앙일까? 승천하는 용을 기리는 마음일까? 등산객들은 굴 안쪽에 용같이 생긴 것이 있다하여 궁금한 곳을 살피며 포즈를 취한다.

길의 초입에 소박하게 자리한 서대산 전적비는 신라 백제의 접경지대로 험준한 산세만큼 삼국시대의 치열한 격전장이었고 동학군들이 숨어들었으며 한국전쟁 때는 금산, 옥천, 무주 일원에서 활동하던 공비들이 경찰서와 군청 등을 습격하는 활동 무대로 유구한 세월의 역사가 스며있는 곳이기도 하다.

날렵하게 서 있는 모습이 선계의 도인을 닮았다는 신선바위 위에 올라서면 까마득한 절벽의 자태를 보게 된다. 널찍한 바위 위에서 우뚝우뚝 솟은 이웃 바

6) 기암괴석 / 7) 장군바위 / 8) 북두칠성바위 / 9) 장령대바위 / 10) 석문 / 11) 선녀바위 능선

위들과 분재와 같이 정돈된 소나무의 풍광을 두르고 신선과 같은 휴식을 취하며 협곡을 가로지르는 50미터 높이의 아슬아슬한 구름다리와 저 멀리에 하얀 공 모양의 정상을 조망해 본다. 정상으로 향하는 길은 다른 코스에 비해 비교적 순탄하다. 가파른 산길 울창한 숲속의 조붓한 능선을 따라 정상을 향해 가다보면 잡목사이로 무서움보다 익살스런 표정으로 등산객을 반기는 사자바위를 시작으로 기암괴석과 절벽의 퍼레이드가 펼쳐진다.

서대산에서 가장 유명한 장군바위는 장령대바위 명찰을 하고 엄청난 규모로 다가선다. 바위가 천하를 호령하듯 길을 막고 서있는데 두 개의 암봉 사이에 거대한 마름모꼴의 쐐기돌이 끼어있는 형국이다. 박혀있는 쐐기돌 아래로 열려있는 석문, 일명 하늘과 통하는 통천문을 지나면 견우장연대라고도 불리는 장군바위의 하단부를 지나는데 고개를 한껏 뒤로 젖혀도 꼭대기가 보이지 않는다. 견우탄금대와 옥녀직금대, 두 바위는 이름에서도 예감할 수 있듯 견우와 직녀의 전설을 담고 있다. 탄금대에서 직녀를 그리워하며 거문고를 타는 견우와 직금대에서 옷감을 짜는 직녀가 칠월칠석날 서대산 정상에서 만난다는 이야기이다. 40m 높이의 장군바위 틈새에 뿌리를 박고 사는 토종 소나무의 성성한 모습이 신기한 특급 전망대에 이어, 우뚝 솟은 큰 바위 머리 부분에 구멍이 나 있는 바위에는 북두칠성바위의 전설이 있다. 옛날에 불의와 타협하지 않는 올곧은 관리가 역모로 몰려 처형된 후 일가족인 관리의 아내와 일곱 아들도 처형되어 시신이 길에 버려졌다. 까마귀와 부엉이 떼가 시신을 훼손하니 어머니는 죽어서도 동네를 향해 아들들의 시신을 묻어 달라고 호소하였으나 동네 사람들은 어머니의 부탁을 들어주지 않았다. 이를 딱하게 여긴 신령이 어머니와 일곱 아들을 모두 바위로 만들어 주었다. 어미 바위는 동네를 향해 소리치듯 입을 벌린 모양의 입바위가 되고, 아들들은 북두칠성 모양의 칠성 바위가 되었다고 한다. 전설만큼이나 애잔함을 준다. 헬기장과 석문을 통과하고 마침내 정상 이다. 시원한 조망이 일망무제로 펼쳐지는 곳, 어쩌면 산행의 즐거움과 보람 중 으뜸이 조망 아닐까한다.

드디어 정상 904m, 피라미드형 돌탑으로 쌓은 정상석 옆에는 산 아래에서 선명하게 보였던 강우레이더 관측소의 모습이 한 눈에 들어온다. 금강유역의 집중호우와 폭우를 24시간 관측할 수 있는 시설물로 2004년 국토교통부가 수립한 전국 강우레이더 설치 및 홍수 예보시스템 기본계획에 따라 2011년 9월부터 179억원을 들여 최근 준공하였고 지상4층 레이더동과 지상1층, 지상3층 관리동으로 이뤄져 있으며 접근이 용이하도록 산 아래에서 모노레일이 깔려 있다. 반경 100km 이내의 강우 상황을 실시간 관측할 수 있다고 한다.

저 마다의 사연과 표정을 드리운 암봉 전시장을 감상하며 오르락내리락 산을 타는 재미가 쏠쏠했던 이 산의 트레이드마크, 기암괴석 사이로 내려다보이는 경치 또한 일품이다. 정상에서 먼 발치로 부터 겹겹이 둘러싼 올망졸망 산봉우리들이 수천의 호위 병사를

12) 정상 (904m) / 13) 강우레이더기상관측소

거느린 듯 병풍처럼 둘러서 한 폭의 장관을 연출한다. 선계에 핀 연꽃에 앉은 듯, 조금 전 올라 온 길과 마을의 풍경을 담아보며 서대산 산록 완사면이 금산인삼 재배에 크게 이용되고 있는 보고(寶庫)임을 실감한다.

4코스로 내려오는 길목의 소나무가 내어주는 자리를 벗 삼아 하산 길의 안식을 취한 후, 절벽 중간에 15미터 폭의 바위선반이 삼사십미터쯤 이어지는 옥녀직금대는 전망도 그만이려니와 샘과 동굴까지 있다. 상봉 바로 아래 자리 잡은 치성단은 영험한 가 보다. 사철 기도객이 끊이지 않고 치성단 오른쪽 바위벽 하단부 석간수는 처녀가 마시면 시집을 간다는 전설이 아름다운 샘이다.

하산 길로 총총히 내려오는 산 중턱의 약수터와 경사진 숲길 등산로를 거의 다 내려오면 서대폭포에 이른다. 폭포 상단에 부딪힌 물줄기가 그 아래로 오랜 세월 동안 세차게 떨어져 움푹 파여 있고 폭포 아래는 깊은 소(沼)를 이루고 있다. 제법 소가 깊은지 시퍼런 색을 띠고 있는 서대폭포는 가뭄이 들어도 마르지 않으며 옆에 자리한 개덕사는 이름에서도 알 수 있듯이 "덕을 여는 사찰"이란 뜻으로 건웅대사께서 덕을 널리 고르게 퍼뜨리셨다는 사찰이다.

6km정도의 산행을 5시간 남짓 마치고 귀갓길에 서대산 중봉에 자리하고 동양 최고의 명당으로 알려진 "편한 마음으로 즐겁게 쉬었다 가세요"라는 캐치프레이즈의 서대산 일불사 일리지움에 들러 본다. "인간이란 살아서 보다 풍요롭고 질 좋은 삶을 고집합니다. 또한, 죽어서도 후손들의 발전을 희망합니다. 살아 있을 때 집터가 있듯이 죽어서도 터가 있습니다. 예로부터 명당을 찾는 이유가 바로 그 이유입니다"라는 안내문을 생각해 본다.

추모공원 뒤로 멋진 암벽이 우뚝 솟은 서대산은 자신의 자락에 명당을 내어 주었고 인간의 생로병사를 함께하며 유구한 역사의 흔적과 전설을 간직한 채, 그 자리에 있다. 묵묵히 순응하며 끝없이 이어지는 생명력을 잉태하고 추모를 기리는 서대산의 성스러움과 자연의 위대함에 엄숙함이 전해 온다.

14) 개덕폭포 / 15) 개덕사 / 16) 일불사 추모공원

천내강, 그리고 반딧불이

박영옥
시인. UPLI한국회원
금산에서40여년교직정년

1) 저곡산성에서 바라본 천내습지

그해 여름, 우리 산꽃시 회원 네 명은 반딧불이를 테마로 시를 쓰기로 하고 늦은 저녁을 천내강 주변의 식당에서 어죽과 도리뱅뱅이를 먹었다. 그리고 밤이 되기를 기다렸다. 체험하지 않은 시를 쓸 수 없다며 찾아든 천내강, 주변에 반딧불이가 서식한다는 말을 듣고 온 터였다. 반딧불이는 다슬기가 먹이라서 다슬기가 많은 천내강에 살고 있는 것이다.

밤에 강변에 와 본적은 없어서 내심 기대가 되었다. 아주 어렸을 때 반짝이며 날아다니는 반딧불이를 손으로 잡아 양손 안에 넣고 신기했던 기억이 환히 살아나며 조금 들뜬 기분이 되기도 하였다. 밤이 깊어지자 우리들은 강 주변 오솔길을 따라 숲 쪽으로 걸었다. 얼마 안가 무엇인가 눈앞에서 휙– 하고 반짝이는 섬광이 날아갔다.

"아, 반딧불이다!"

우린 흥분된 목소리로 외쳤고, 갑자기 잠잠해지며 반딧불이가 나르는 것을 황홀하게 바라보았다. 뭐랄까, 잊고 있던 아득한 추억 속으로 돌아온 느낌, 시공을 뛰어넘어 어린이가 된 순수함, 눈이 맑아지고 마음이 평안해지며 미소와 눈물이 함께 나올 것 같던 그 짜릿한 느낌 속에 잠시 말을 잊었던 것이다. 반딧불이가 나르는 광경은 소리로 표현하면 끊어졌다 이어지는 휘파람 소리 같고 마치 작은 별이 내려와 날아다니는 것 같았다. 때로는 홀로, 때로는 여럿이 이 숲에서 저 숲으로 이 풀밭에서 저 풀밭으로 그들끼리의 빛 잔치를 열고 있었다.

밤하늘엔 별이 총총했다. 좁고 어두운 골짜기에서 바라본 하늘은 박아놓은 듯 또렷한 얼굴로 북두칠성이 수많은 별과 함께 빛나고 있었다. 아침과 밤에 안개가 많은 강변에서 그토록 아름다운 밤하늘을 볼 수 있었던 것도 행운이었다.. 오래도록 감동의 한 장면으로 지금도 남아 있다.

갈 때마다 느꼈던 일인데 천내강은 강폭이 넓고 깊어 소리를 내지 않는다. 부족하지만 그날 반딧불이를 보고 와 쓴 시를 여기 소개해 본다.

천내강, 그리고 반딧불이

박영옥

철철
철없이 칭얼거리는
어린 강이 아니다

어미같이
큰 산도 품어주고
구름도 쉬게하고
물고기들의 장난질도 껴안으며
오랜 세월
낮은 목소리로
낮은 자리만 찾더구나

아기별 뜨는 여름 밤
출렁이는 그리움 안고
강은 기다린다
어김없이 찾아오는
반딧불이들

작은 몸 불 밝혀
눈 깜빡이며
강을 지킨다

돌아서는 나에게
강이 묻는다

그대는 메마르다 못해 갈라지는
이들의 갈급한 가슴을
한번이라도 흠뻑
적셔 준 적이 있느냐고

반딧불이가 묻는다

이렇게 조그만 빛이라도 만들어
누구에게 등불 되어 준 적이 있느냐고

천내강이 반딧불이를
반딧불이가 천내강을 지켜주듯
새벽 기다리며
어둠속에 서 있는 이들에게
빛이 되어줄 수 있느냐고
묻고 또 묻는다

금수강산의 준말이라는 금산은 산과 계곡이 많고 산수가 빼어나 아름다운 명소가 많다.

천내강은 충남 금산군 제원면에 위치하고 있으며 금강 상류로 담수어가 많이 잡히기 때문에 강 주변에는 쏘가리매운탕 어죽 도리뱅뱅이등 민물고기 식당들이 강을 따라 자리하고 있다. 민물고기 튀김과 민물새우튀김도 어른 아이 다들 좋아하는 독특한 맛을 느낄 수 있다.

2) 제원대교 / 3) 천내리 용호석

제원대교 건너편 천내리 마을의 용호석도 빼놓을 수 없는 볼거리다. 고려말 홍건적 난을 피해 안동으로 피난 내려온 공민왕이 자신의 능묘 자리를 찾던 중 이곳을 명당으로 정하여 필요한 석물을 준비케 하여 세운 것이 용과 호랑이의 몸체를 조각하여 두 곳에 세운 것이 용호석이라는 전설로 전해지고 있다.

천내리에서 원골을 지나 충북 영동 쪽으로 휘돌아 가며 흐르는 천내강은 주변의 산과 강이 너무도 아름다운 국도변의 드라이브코스도 일품인데 봄이면 벚꽃길이 장관을 이룬다.

몇 년 전 문을 연 오토파크 수영장이 있어 가족동반 캠프도 할 수 있고 용화리 용강서원의 고풍스런 건물도 관람할 수 있으며, 많이 줄었지만 수석애호가들은 호피석도 강에서 찾을 수 있다. 천내강은 금강 줄기지만 동네이름을 따 천내강이라는 이름으로 부른다.

푸른숲 맑은물 천내강, 금산에 오면 꼭 찾아보고 가야될 금산의 명소다.

저곡산성에서 천내습지까지

김명아
시인. 문학박사
대전문인총연합회 부회장

1) 천내리에서 바라본 저곡산성

금강은 장수군 수분리 뜬봉샘이 그 남상이다. 이 물이 진안 용담댐으로 흘러들고, 덕유산에서 발원한 물이 무주군 내도리, 금산군 방우리와 용화리를 지나 제원에서 마침내 큰물을 이룬다. 금산군에서 금강을 끼고 넓은 들을 안고 있는 제원면에는 선사시대부터 사람들이 정착해 살아왔으므로 역사적 의미를 지닌 곳이 많이 있다.

제원에서 충북 영동으로 가다가 천내리에서 금강을 건너는 제원대교가 있다. 제원교가 없을 때는 저곡리 입구에 나루가 있었는데 닥실나루라 불렀다. 닥실 입구에는 임진왜란 때 금산군수 권종의 순절을 기리는 권충민공 순절비가 있다. 강가에 해발 200m의 바위 절벽이 솟아 있는데 이를 저곡산성이라 부른다. 권종이 저곡산성에서 강을 건너는 왜군을 무찌를 계획이었으나 실패로 돌아가자 패전하고 말았다는 안타까운 이야기가 전해 내려오고 있다.

권종은 저곡산성 위에 병력을 배치하고 상류에서 군사를 시켜 흙탕물을 흘려보내 강의 깊이를 가늠할 수 없게 하고 왜군이 오기를 기다리고 있었는데 마침내 왜군이 닥실나루 건너 천내나루에 당도해 우왕좌왕 강을 건널 궁리를 하고 있을 때, 강 상류 용화리 천내 여울을 건너는 여인이 있었다. 여인은 천내리에서 뽕잎을 따서 머리에 이고 한 손으로는 치맛자락을 들어 올리고 강을 건너고 있었다. 이를 본 왜군들은 여울 쪽으로 올라가 강을 건너 저곡산성을 함락시켰다는 슬픈 이야기가 전해오고 있다.

저곡 산성에 올라 용화리쪽 강 상류를 바라보면 강폭이 넓은 평화스러운 천내 습지를 볼 수 있다. 습지를 가기 위해서는 제원대교를 건너 좌측으로 내려가 용호석을 살펴보고 강바람을 마시며 둑길을 걷다보면 천내습지에 닿는다.

전설에 의하면, 고려 공민왕이 1361년 홍건족의 난 때, 안동에 피난 가 있던 공민왕이 길지를 찾을 것을 명하자, 태백산 지맥에 평사낙안 부사도강의 명당이 금산에서 동쪽으로 20리 지점에 있으니 왕릉이 될 지대라고 하여 왕이 자신의 능소로 작정하고 왕릉에 필요한 용석과 호석을 제작하였다고 한다.

강둑길을 따라가며 저곡산성을 바라볼 수 있고 둑길에 하늘거리는 잡초와 풀꽃이 강물과 하늘을 배경으로 그려내는 풍경을 즐길 수 있다. 천내 습지는 자연습지로 금강의 허파라고 부를 정도로 원시 습지이다. 천내습지에는 '진둠벙'과 '각시둠벙'이 있다. 산과 강이 단절되지 않고 이어지는 금강 유일의 습지로 수달, 삵, 감돌고기, 돌상어, 꾸구리 등 멸종 위기종이 서식하고 있는 곳으로 다양한 버드나무와 초본이 어우러진 금강 최대의 하천습지 생태공원이다.

'진둠벙'은 긴 둠벙이라는 뜻으로 남성을 뜻하고 '각시둠벙'은 작고 아담한 타원형의 둠벙으로 여성을 뜻하는 이름이다. 각시둠벙가에 서있으면 적막과 고요를 온통 풀벌레 소리와 새소리, 풀숲에 바람 스치는 소리로 누구나 쉽게 명상의 세계에 빠져 들게 된다. 여울을 건너면 용화리에 용강서원이 있다.

용강서원은 1716년(숙종 42)에 세워진 서원으로 1871년 대원군의 서원훼철령으로 훼철되었다가 1910년 지역 유림들이 헐린 재목으로 용강 서당을 짓고 유림의 화합 및 자제교육의 장으로 이용하였다. 배향되는 인물은 동춘당 송준길, 우암 송시열, 시남 유계 등이다.

금산의 역사가 숨 쉬는 저곡산성과 금강의 심장 천내습지는 수천년을 멀리서 마주보며 금강물을 흘려보내고 있다.

2) 천내리 용석 / 3) 천내리 호석 / 4) 용강서원

귀래정으로 발길을 옮기고

박경은
시인. UPLI한국회원
가득이심리상담센터대표

어젯밤까지는 무섭게 비가 쏟아지고, 천둥 번개까지 동반하였는데, 새벽에 눈을 뜨니 맑게 갠 하늘을 맞이할 수 있었다. 새벽 6시에 즐거운 마음으로 금산의 귀래정으로 향했다.

귀래정은 부리면 평촌리에 위치하고 있다. 평촌리 마을 슈퍼마켓을 기준으로 하여, 신촌리가 시작되는 지점이다. 이곳에서 귀래교 건너 오른쪽으로 길을 잡았다. 비가 내려서인지 흐르는 물이 충분하였다. 바

짝 말라있는 삭막한 냇물이 아니라 마음까지 부유하였다. 귀래교를 넘어서 오른편에 강물이 흐르고 앞으로 작은 산이 나를 기다리고 있는 것 같았다. 지난 밤에 비가 많이 와서인지 강물의 물살이 제법이다. 보기만 해도 시원하다.

강물은 산 밑을 감돌며 넓고 깊은 호수를 이루어 뱃놀이하기에 가장 적합한 곳으로 유명했다고 한다. 충남·전북·충북의 3도 지사가 호화로운 뱃놀이를 했다고 한다. 도지사들의 시중을 드느라고 며칠간 인근 주민들이 총동원되기도 하였다고 한다. 흐르는 강물에 빠져있는 듯 내려보고 있는 '동그란산'에는 귀래정(歸來亭)이라는 정자가 있어 풍류를 좋아하는 사람들로 붐볐단다. 이 마을 사람들은 너무나 많은 손님을 치르게 되자, 힘이들고 고단하여 이 정자를 불태웠다는 전설이 남아 있을 뿐 지금은 그 빈터만 있다고 하니 정자를 볼 수 없어 안타깝기 그지없다.

함께 동반해 준 친구가 잡곡밥과 열무김치, 감자볶음을 아침으로 싸왔다. 아침이지만, 햇살이 제법 뜨거웠다. 그늘진 곳을 찾아서, 돗자리도 깔지 않고 땅바닥에 그대로 앉아서 밥을 먹었다. 새벽에 출발 하느라 아무것도 못 먹었기에 야외에서 먹는 밥맛은 꿀맛이었다. 풍류를 즐기던 사람들의 음식이 이보다 더했을까? 햇살이 너무 강해서 밥을 먹는 도중 차 안으로 움직였다.

바람과 공기와 시원한 물살.. 여기에서 뱃놀이를 했다는 거구나. 얼마나 흥(興)에 겨웠을까? 뱃놀이 하는 사람은 흥겨운 반면, 그 사람들의 입을 즐겁게 해주기 위해서 뒷일을 해야 했던 인근 사람들의 마음을 헤아려 보면서 '역지사지(易地思之)'라는 말을 떠올렸다. 상대방과 자신의 처지를 바꿔서 생각해 볼 수 있다면, 그 때의 흥겨움이 지금까지 어떤 따스함으로 남아있지 않았을까 하는 안타까움을 함께 느끼는 시간이었다.

귀래정 정자에 앉아서 풍류를 즐겼던 옛 사람을 생각하며, 금산 여행을 함께 해 준 친구에게 용혜원 시 〈함께 있으면 좋은 사람〉을 읊어보았다.

함께 있으면 좋은 사람

용혜원

그대를 만나던 날
느낌이 참 좋았습니다
착한 눈빛, 해맑은 웃음
한마디 한마디의 말에도
따뜻한 배려가 있어
잠시동안 함께 있었는데
오래 사귄 친구처럼
마음이 편안했습니다

내가 하는 말들은
웃는 얼굴로 잘 들어주고
어떤 격식이나 체면 차림없이
있는 그대로 보여주는
솔직하고 담백함이 좋았습니다

그대가 내 마음을 읽어주는 것만 같아
둥지를 잃은 새가 새 둥지를 찾은 것만 같았습니다
짧은 만남이었지만
기쁘고 즐거웠습니다

오랜만에 마음을 함께
맞추고 싶은 사람을 만났습니다
마치 사랑하는 사람에게
장미꽃을 한 다발을 받은 것 보다
더 행복했습니다

그대는 함께 있으면 있을수록
더 좋은 사람입니다

시 한 편을 낭송하며 귀래정이 있었던 자리를 물끄러미 바라보았다. 가슴이 따뜻해진 시 한 편은 마음을 더 풍요롭게 했다. 항상 수족(手足)처럼 함께 했던 친구와의 마지막 여행지가 될 듯 하다. 귀래정에서의 뱃놀이 하는 사람들의 흥겨운 마음과 친구가 동반해 준 고마운 여행이 귀래교를 건너면서 추억의 언저리처럼 남아버렸다.

거짓말 같은 하늘의 변화, 도시락을 펼칠 때까지는 살이 익을 듯 뜨거웠는데, 발길을 돌리려니 갑자기 쏟아지는 장맛비. 장맛비가 귀래정에서 뱃놀이를 했던 사람들의 흥겨운 굿거리장단을 그대로 나타내는 듯 세차게 내리 퍼붓는다. 뱃노래를 흥얼거리며 귀래정을 뒤로 한 채 발걸음을 옮겼다.

국사봉을 바라보며

김종진
시인. 동화작가
대전시시낭송인협회 회장

이번 산행의 목적지는 금산팔경(錦山八景) 중 마지막 장소인 국사봉이다. 햇살과 빗줄기가 오락가락하는 장마철 일기예보는 오전에는 맑음이고 오후에는 전국적으로 비가 온다고 한다. 비를 맞으며 국사봉에 오르는 일은 쉽지 않을 것 같아서 일찍 출발하기로 했다.

새벽 5시, 알람은 어김없이 흥겨운 노랫소리로 나를 깨운다. 동이 터오르는 6시, 여행을 좋아하는 친구와 함께 금산으로 향한다. 미리 챙겨놓은 우산과 아침 일찍 준비한 도시락을 들고 소풍가는 기분으로 힘차게 출발~

금산은 대전 근교로 인삼을 사러 몇 번 갔던 곳이기에 가는 길이 낯설지 않다. 한 시간도 안 걸리는 곳, 여름 햇살까지 우리 여행길을 반겨준다. 달리는 차창 밖으로 초록이 싱그럽다.

금산까지는 무난하게 도착했지만 국사봉을 찾는 일은 결코 쉽지 않았다. 충남 금산군의 국사봉은 진산면 엄정리 296-5에 위치해 있다. 주소를 찍은 내비게이션은 마을의 산 아래 도로옆에서 허망하게 멈춘다. 차에서 내려 고개를 들어 산을 바라보니 봉우리가 많고 산세가 수려하다. 저 중에 한 곳이 국사봉일텐데, 짐작은 가지만 도무지 알 수가 없다. 변변한 이정표도 없고, 국사봉 위치를 아는 사람도 없다. 주변의 예쁘게 지어놓은 집들을 찾아가 여쭤 보아도 모른다고 한다. 대부분 원주민이 아니고 다른 곳에 살다가 국사봉 아래로 이사 온 사람들이거나 출퇴근으로 외지에서 와서 밭일을 하는 분들이다. 알리가 없다. 희망을 갖고 다시 마을 회관까지 이동했다. 마을은 조용하다 못해 고요하다. 밖에는 바람 한 점 없다. 에어컨을 시원하게 틀고 한여름 열기를 식히며 사람이 나오기만을 기다렸다. 한참 후 파란집 대문을 열고 꼬뿌랑 할머니 한분이 나오신다. 금산 진산면 엄정리에서 70년을 사셨다는 할머니 한 분을 만났다. 어르신께서는 그곳 이름이 국사봉은 아니고 '국시봉'이라고 명칭을 변경해 알려주신다. 그곳에서 옛날에는 제사를 지냈다지만 지금은 숲이 우거지고 사람들이 올라가지 않는다고 하셨다. 날도 더운데 올라가지 말라며 아무 것도 볼 것이 없고 산짐승이 많은데 뭣하러 가냐고 걱정하신다. 배려해주시는 마음에 사람의 정이 느껴진다. 전에는 그 골짜기에서 농사도 많이 지었지만 지금은 풀만 무성하다고 하셨다. 어르신께서는 굳이 가겠다면 길을 알려줄테니 차에 태우라고 하셔서 차에 모시고 가다가 멈춘 곳은 우리가 등산하기 쉬운 곳, 작은 삼거리 길이다. 자상하고 세심한 어르신은 손가락으로 가장 큰 봉우리를 가리키며 그곳이 '국시봉'이라고 하신다. 말씀을 듣고 좁은 길로 차를 조심스럽게 움직여 올라간다.

금산 팔경의 마지막 국사봉은 미리 조사한대로 496.1m로 그리 높지 않다. 국사봉을 국수봉 또는 국사봉이라고도 하는데 지방에 따라서는 국시봉, 구시봉 등으로 부르기도 한다. 길을 안내한 어르신 말씀대로 이곳 금산에서도 국시봉이라고 불리고 있다는 것을 알았다. 아무튼 국수봉이란 부근에서 가장 높은 봉우리에 올라가서 국수당(國師堂) 또는 국수신당(國師神堂)을 차려놓고 하늘에서 내리는 국수신(國師神)을 모시는 곳이다. 산신당(山神堂), 서낭당(성황당=城隍堂)과 함께 동신신앙의 하나인데 1950년쯤 이곳 정상의 네모난 큰 바위밑에서 그릇조각, 쇠로 만든 말(馬), 배(船)의 모형과 금가락지가 출토되어 민속신앙과 관련한 국수신당이 있었으리라 짐작케 한다. 참고로 말이나 배는 신의 상징 또는 신(神)이 타고 다니는 물건이라 신당에 비치한다고 한다. 한편 기록에 의하면 조선 태조가 한양에 도읍을 정한 뒤 북악산과 남산 꼭대기에 국수당을 지어 서울의 수호신사로 활용하였다고 하며 국수신은 아주 먼 옛날부터 사람들이 섬겨왔다고 한다. 그래서 그런지 국수봉은 전국적으로 보면 곳곳에 산재하여 있는 것으로 파악되고 있다. 등산을 다니면서 국사봉 몇 곳을 올라갔었는데 그런 의미가 있는 것을 모르고 다녔었다. 그저 산봉우리의 이름이 국사봉이겠거니 했는데 짧은 지식 하나 알게 되어 가슴 뿌듯하다. 이 곳 국수봉 정상에 1960년대 후반 육군 통신초소가 설치되어 1980년대 초반까지 대여섯 명의 현역군인이 주둔한 바 있고, 1970년대에는 답박굴 뒤 2부~5부 능선 편평한 부분에 예비군 훈련장이 설치되어 10여 년간 운영되었었다.

어르신 말씀대로 천천히 좁은 길을 따라가다 보니 그 길마저 없어지고 집 한 채가 가로막는다. 묶여 있는 사냥개, 진돗개가 먼저 우리를 반긴다. 개들의 소리가 산을 울린다. 잠시 후 할아버지 한 분이 나오셨다.

15년 전부터 이곳에 터를 잡았다는 할아버지께서는 국사봉에 오르겠다는 우리를 만류하신다. 여름에는 벌레도 많고 뱀도 많이 나온다고 했다. 오소리, 멧돼지, 노루가 많아 여자 두 명이 올라가면 봉변을 당할 수도 있다고 하신다. 산 아래 엄정 마을의 할머니께서 말씀하시기 전부터 예상했던 일이다. 여름에도 사람들이 많이 다니는 우리 마을 뒷산 도솔산에도 '멧돼지 조심'이라는 팻말이 여기저기 붙어있고 인적이 드문 길은 장정들이 가기에도 오싹하다는 소리를 들었기 때문이다.

대신, 전에는 여러번 국사봉 꼭대기에 올라가셨다는 할아버지 말씀을 귀 기울여 들었다. 봉우리 몇 개 중에 왼쪽으로 보이는 곳이 국사봉이라고 알려주신다.

산은 높이 솟아 있었다. 정상에서 바라보면 금산 팔경 중 하나인 대둔산, 서대산, 진악산이 한 눈에 보이는 것은 물론이거니와 대전의 혜천대, 농협 농수산물공판장까지 다 보인다고 목소리를 높이신다. 그럼 당연히 우리 마을 도솔산도 보이겠구나 생각하니 올라가고 싶은 생각이 더 간절해진다. 특히 아름드리 소나무들이 다른 산에 비해 많고 골짜기에 옹달샘도 있고 물이 멈추지 않고 흐른다며 흐뭇한 미소를 지으신다. 소독을 안하고 제초제도 쓰지 않으니 가재와 도룡룡은 고개만 돌리면 볼 수 있어서 환경조사요원들도 많이 다녀간다고 하신다. 산이 좋으니 봄에는 나물 뜯으러 오는 사람들이 많고 여름 가을에도 고사리, 버섯 채취도 많이 했는데 지금은 산이 너무 우거지다보니 사람들의 발걸음도 점차 줄고 있다고 하셨다. 이곳에서 집을 짓고 15년 동안 살다보니 산 공기가 좋아서 127세까지는 거뜬하게 살 거라고 호언장담하시는 할아버지의 웃음소리를 뒤로하고 내려오다가 의미있는 국사봉 정상을 못 오른 아쉬움, 골짜기에 흐르는 맑고 시원한 물도 만나지 못한 아쉬움에 다시 한 번 국사봉을 올려다본다. 국사봉이 금산의 군민들에게 또 우리처럼 국사봉을 찾는 사람들의 마음 속에 오래 남기를 기도해본다. 마을 어귀에 표지판과 안내문을 세워 오래 기억해달라는 듯 국사봉 골짜기 사이로 시원한 바람이 내려와 내 마음을 흔든다.

뜨거운 여름이 지나면서 인삼캐기 좋은 시기가 온다. 올해는 오는 9월 22일 금요일부터 10월 23일 월요일까지 금산세계인삼엑스포가 열린다. 해가 지날수록 행사가 알차게 진행되고 점차 커지는 금산세계인삼엑스포가 성공하기를 바란다. 몇 년 전에 부모님 모시고 왔었는데 부모님께서 참 좋아하시며 인삼도 몇 채나 사주셨었다. 그리고 멋진 공연이나 의미있는 체험을 많이 할 수 있어서 가족, 친구들하고 와서 즐기기에 좋은 행사로 추천을 하며 올해도 꼭 와야지 다짐한다. 인삼엑스포가 성공하기를 바라는 뜻에서 이제부터라도 국사봉에서 국수신당을 차려놓고 하늘에서 내리는 국수신을 모셨으면 좋겠다는 생각이 들었다. 금산팔경 국사봉의 의미도 알리고 행사가 잘 치뤄져 국제적인 큰 행사가 되길 잠시 기도하는 시간이 되었다. 물론 '옛날이라면 그렇게 했겠지.' 생각하니 아쉬움으로 남는다.

국사봉을 바라보며 금산의 유명한 음식, 뜨거운 인삼 어죽을 한 그릇 먹었다. 시원한 바람이 한줄기 불어온다. 충남 금산(錦山)의 국사봉 아래의 엄정마을의 한 여름은 초록 비단을 펼쳐놓은 듯 아름답다. 마을 회관 아래쪽으로 냇물이 흐른다. 산 좋고 물 좋은 금산, 살기 좋은 곳이기에 외지 사람들이 예쁜 집을 짓고 들어와 사는 곳, 또 인근 도시에서는 주말마다 와서 가족끼리 농사도 짓고 휴식도 취하고 가는 사람들이 많아지고 있는 곳, 이곳 금산이 도시 생활에 지친 내가 쉴 힐링의 장소로 안성맞춤이라는 생각이 순간 머리를 스친다. 엄정마을에서 바라보는 가장 큰 봉우리 국사봉으로 태양이 내리쬐는 7월의 한낮은 시나브로 뜨거워진다.

2017금산세계인삼엑스포기념 에세이집

錦山에 살어리랏다

간행위원회 위원장 조신영

편집위원장 이종만

편집위원 김인영 김종진 박경은 이희경 정미선

2017금산세계인삼엑스포기념 에세이집

錦山에 살어리랏다

발행인 & 편집인 김용재
간행위원장 조신영

펴낸날 _ 2017년 9월 22일
펴낸곳 _ 기획출판 오름
등록번호 _ 동구 제364-1999-000006호
등록일자 _ 1999년 2월 25일
주소 _ 대전광역시 동구 대전로 815번길 125 2층 (삼성동)
전화 _ 042.637.1486
팩스 _ 042.637.1288
E-mail _ orumplus@hanmail.net

ISBN _ 978-89-90151-06-3

값 10,000원